Le secret du bunker – Das Geheimnis des Bunkers

von Angelika Lauriel

Langenscheidt

Berlin · München · Wien · Zürich · New York

Lektorat: Bettina Müller Renzoni
Französischsprachiges Lektorat: Bettina Savino
Illustrationen: Rüdiger Trebels
Umschlaggestaltung: init.büro für gestaltung, Bielefeld,
unter Verwendung einer Illustration von Rüdiger Trebels

www.langenscheidt.de

Umwelthinweis: gedruckt auf chlorfrei gebleichtem Papier

Satz: Franzis print & media GmbH, München
Druck: Mercedes-Druck, Berlin
Bindung: Stein+Lehmann GmbH, Berlin
Printed in Germany

ISBN 978-3-468-20655-9

10010

Inhalt

Gefahr beim Klassenausflug

Ich rannte zwischen Buchen und Birken den Hang hinauf. Flüchtig schaute ich über die Schulter, aber meinen Kumpel Éli sah ich nirgends. Gut so! Sollte er mich suchen. Im Wald waren die Stimmen der anderen Schüler zu hören, aber so weit weg, dass ich nicht verstehen konnte, was sie sich zuriefen. Unser Lehrer, Monsieur Mathieu, stand jetzt sicher total genervt unten am Grillplatz, wo wir gepicknickt hatten. So hatte er sich die Schnitzeljagd bestimmt nicht vorgestellt. Tja, aber wir kriegten eh immer zu hören, dass wir die schlimmste Klasse des Deutsch-Französischen Gymnasiums waren.

Ich huschte hinter einen dicken Buchenstamm und lehnte mich an die glatte Rinde, um zu verschnaufen. So konnte Éli mich von unten keinesfalls sehen. Der Baum fühlte sich angenehm kühl an in der Hitze des Sommertags. Ich pustete mir die Locken aus der Stirn und verwuschelte die verschwitzten Haare im Nacken.

Eine verzerrte Stimme klang aus meiner Hosentasche: "***Allons enfants de la Patri-ie*** ..." WAS WAR DAS DENN? "... ***Le jour de gloire est arrivé!***"

Allons enfants de la Patrie Auf, Kinder des Vaterlands
Le jour de gloire est arrivé! Der Tag des Ruhms ist da!

Hastig zog ich mein Handy hervor, klappte es auf und schrie: “ÉLI! **Imbécile**! Qu’est-ce que c’est?”
Élis ausgelassenes Lachen klang aus dem Handy. Natürlich - *er* hatte mir diese Hiphop-Version der **Marseillaise** als Klingelton heruntergeladen. Mein bester Freund Élia Dupreux.
“Dolores, où es-tu?”
Er wusste, wie ich es hasste, wenn man mich Dolores nannte.
“Éli, tu es un idiot! La Marseillaise – c’est **vraiment embarrassant**!” Ich lugte hinter dem Baumstamm hervor, ob ich ihn irgendwo in der Nähe sehen konnte. Doch nichts. Also lief ich weiter hangaufwärts. Dort musste die Lichtung sein, die ich von früher noch in Erinnerung hatte.
“Lora, dis-moi, où es-tu? Je ne te vois pas”, klang Élis Stimme an mein Ohr.
“**Tant pis!**” Ich konnte noch immer nicht fassen, dass er mir die Marseillaise aufs Handy geladen hatte. Sollte er ruhig noch ein bisschen schmoren.
“**Tu peux te perdre!** Dis-moi où tu es! Reste-là, je viens **tout de suite**. Attends!”

---

imbécile Dummkopf
Marseillaise französische Nationalhymne
vraiment embarassant wirklich peinlich
Tant pis! Dein Pech!
Tu peux te perdre! Du kannst dich verirren!
tout de suite sofort

Ich musste lachen. Wozu sollte ich auf ihn warten? Nein, er sollte mal schön nach mir suchen. Ich wusste, dass dort oben einer der alten Bunker aus dem Zweiten Weltkrieg stand. Es war allerdings eher eine Ruine. In unserer Region hatten die Amerikaner die Bunker nach dem Krieg gesprengt. Das hatten mir meine Eltern auf den sonntäglichen Wanderungen durch die "Kupp" erzählt. Und gewarnt, wir Kinder sollten dort bloß vorsichtig sein. Klar, die Bunker hatten auf uns wie ein Magnet gewirkt. Der reinste Abenteuerspielplatz.

"Éli, **viens me chercher**. Il y a un bunker **là-haut**!"

"Un bunker? **Ne bouge pas**!"

Élis Tonfall wurde drängend. Typisch.

"Écoute Lora, **nous ne devons pas y aller**. C'est dangereux! **Ne te moque pas de moi!** Dis-moi où tu es."

Seine Worte konnten mich nicht bremsen. Als ich die Lichtung überquerte, sah ich etwas weiter, schon wieder im Schutz der Bäume, tatsächlich die großen, grün bemoosten Betonquader. Es knackte in der Leitung. Ich hielt das Handy an mein Ohr.

---

viens me chercher komm' mich suchen
là-haut da oben
Ne bouge pas! Rühr dich nicht vom Fleck!
nous ne devons pas y aller wir sollten da nicht hingehen
Ne te moque pas de moi! Halt mich nicht zum Narren!

"Éli? Tu m'entends? **Tu as perdu ta langue?**"
Rauschen. Kein Netz mehr. Pff, egal. Ich zuckte mit den Schultern, klappte das Handy zu und schob es in die Hosentasche.
Langsam ging ich über den weichen Waldboden auf den Bunker zu. Eigentlich waren nur noch umgestürzte Betonplatten davon übrig. Sie waren an manchen Stellen bestimmt einen Meter dick. Unter den frischen Holz- und Laubgeruch des Waldes mischte sich ein Hauch von Moder. Wo die Betonwände durch die Sprengung umgestürzt oder auseinandergedrückt worden waren, konnte man Teile eines rostigen Metallgitters sehen, das den Beton verstärkt haben musste. An manchen Stellen war es aufgebogen und gab Schlupflöcher ins Innere frei. Hineinzukriechen – das hatte ich mich nie getraut. Mich fröstelte. Ein bisschen unheimlich wirkte das Ding ja schon. Ich ging näher ran. Es gab keine Absperrung. Auf der obersten Platte war sogar ein verwittertes Geländer angebracht. Also bitte! Und der Mathieu hatte gesagt, wir sollten die Bunker nur aus sicherer Entfernung anschauen. Was konnte da schon passieren?

Tu as perdu ta langue? Hat es dir die Sprache verschlagen?

"Lora, tu es là-haut? **Si** je comprends bien, **tu as envie** de **jouer à cache-cache** aujourd'hui."
Élis Stimme war noch ein gutes Stück weit weg. Ich näherte mich dem Bunker und schaute, wo ich mich verstecken konnte. Dort unten, halb hinter den Betonplatten, konnte ich mich hinkauern. Da würde Éli mich nicht sofort finden. Ich huschte an die Stelle und tastete mich mit den Füßen vorsichtig auf dem staubtrockenen Laub abwärts. Mit der rechten Hand stützte ich mich an dem rauen Beton ab. Plötzlich glitten meine Füße unter mir weg, und zack, saß ich auf dem Hosenboden. Das glatte Laub wirkte wie eine Rutsche, und ich konnte mich nicht halten. Um mich herum wirbelten zerbröselte Blätter und Staub auf, als ich ein Stück weiterschlidderte. Endlich kam ich zum Stillstand, doch da öffnete die Erde sich unter mir. Mit beiden Beinen sackte ich ab. Und steckte bis zum Po in einem engen Spalt! Unter all dem Laub war er gut versteckt gewesen.
"Aaah!" Ich strampelte und stützte mich auf den Unterarmen ab. Mein rechter Fuß stieß ins Leere, während ich mit dem anderen auf Grund traf. Es gelang mir, das eine Bein herauszuziehen. Doch als ich mich mit dem anderen Fuß abstoßen wollte, rutschte etwas

si wenn
tu as envie hast du Lust
jouer à cache-cache Verstecken spielen

Scharfkantiges von der Seite nach, und ich klemmte fest!
"AUAAH!" Was immer gegen meinen Fuß gerutscht war, drückte gegen den ungeschützten Knöchel oberhalb des Schuhs. "Verd…!" Vorsichtig drehte ich den Fuß ein wenig. Es tat zwar weh, aber gebrochen hatte ich offenbar nichts, eher verstaucht. Auch das noch.
Meine Augen brannten, und ich konnte nichts dagegen tun, dass mir die Tränen kamen. Éli! Wo war er, wenn ich ihn brauchte? Verflixt! Hätte ich doch nur auf ihn gehört. Jetzt steckte ich hier fest, in diesem blöden … blöden … Erdloch.
"Éli!", schrie ich.
Na klasse, bestimmt war mein Gesicht feuerrot. Dazu die verheulten Augen. Wie peinlich.
"Lora?", vernahm ich entfernt die Stimme meines Freundes und dann hörte ich auch seine Schritte. Gott sei Dank!
"Je suis là", schrie ich, "viens ici!"
"Lora! Où es-tu?"
Wie oft hatte er diese Frage heute eigentlich schon gestellt?
"Ici, Élia, ici. Derrière le bunker. **Fais le tour.**"

Fais le tour! Geh' ganz drum herum!

Ich hörte, wie er über die Lichtung lief. Jetzt war er neben dem Bunker und musste meinen Wuschelschopf sehen.

"Éli, je suis là."

Ich verrenkte mir fast den Hals, um den Kopf zu drehen.

Seine Schritte beschleunigten sich, und plötzlich rutschte er neben mich, landete wie ich auf dem Po.

"Attention!", schrie ich panisch. Wenn er jetzt bloß nicht auch noch einsackte. "Il y a un trou! Et quelque chose **coince** mon pied. **Je ne parviens pas à le libérer. Aide-moi!**"

"**Zut!**", schnaubte er und drehte sich vorsichtig um, bis er wieder auf den Füßen war. Dann stemmte er die Füße in den Boden und versuchte, mich an den Schultern aus der Klemme zu ziehen.

"**Arrête**!" Ein scharfer Stich an meinem Knöchel tat höllisch weh.

"Qu'est-ce qu'on fait **alors**? **On est mal parti.**"

---

coince klemmt … ein
Je ne parviens pas à le libérer. Ich bekomme ihn nicht frei.
Aide-moi! Hilf mir!
Zut! Verflixt!
Arrête! Hör auf!
alors nun
On est mal parti. Wir stecken ganz schön im Schlamassel.

Éli kniete sich neben mich und sah mich an. Dann griff er nach seinem BlackBerry, doch ich schüttelte den Kopf: "**Pas de réseau**."

"**Je vais chercher les autres.**"

"Non!" Kleinlaut sah ich ihn von unten an. "Je ne veux pas **rester seule** ici ..." Ich hatte Angst, auch wenn ich mich deshalb genierte. "**Il doit y avoir une autre solution. Réfléchissons!**"

Éli dachte kurz nach, dann sagte er: "Écoute! Je vais **essayer** d'**entrer dans ce bunker**. Peut-être je peux t'aider **une fois dedans**."

"**D'accord.** Mais **fais attention**!"

Éli legte mir kurz die Hand auf die Schulter, dann kletterte er über das rutschige Laub den Hang hinauf, um von der anderen Seite einen Eingang in den Bunker zu finden.

Sobald er weg war, wurde mir wieder mulmig zumute. Hoffentlich fand er eine Stelle, um hineinzuklet-

---

pas de réseau kein Netz
Je vais chercher les autres. Ich gehe die anderen holen.
rester seule allein bleiben
Il doit y avoir une autre solution. Es muss eine andere Lösung geben.
Réflechissons! Lass uns mal überlegen!
essayer versuchen
entrer dans ce bunker in diesen Bunker hineinkommen
une fois dedans wenn ich erst drinnen bin
d'accord einverstanden
fais attention sei vorsichtig

tern. Hoffentlich brach der Bunker nicht über ihm zusammen! … Und hoffentlich fand er den Stein oder was es war, das meinen Fuß eingeklemmt hatte. Die Minuten verstrichen. Mir kam es vor wie eine Ewigkeit.

"Éli, tu m'entends? Tu es là? **Ne fais pas le pitre!** Éli! **Ce n'est pas le moment**."

Keine Antwort. Was dauerte denn das so lange? Ich friemelte ein Papiertaschentuch aus meiner Jeans und putzte mir die Nase. Da kitzelte mich etwas am Fuß unter der Erde. Vorne, an einer Stelle, die wohl frei war, spürte ich etwas Warmes und Weiches.

"Iiieh!", kreischte ich und zog unwillkürlich den Fuß an. "Au!", schickte ich hinterher. An meinem Knöchel sickerte warme Flüssigkeit hinunter. Bestimmt war es Blut. Und wer weiß, was mich dort unten berührt hatte … Vielleicht eine Ratte.

"Éli … ehm!" Wie hieß das noch mal auf Französisch? "**Au secours!**"

"Je suis ici."

Ich hörte ihn undeutlich fluchen. Seine Stimme kam von unten. Es waren seine Finger, die mich berührt hatten, keine Ratte! Gleich darauf spürte ich, wie der

---

Ne fais pas le pitre! Albere nicht rum!
Ce n'est pas le moment. Das ist jetzt nicht der richtige Moment.
Au secours! Hilfe!

Stein von meinem Fuß wegbewegt wurde. Ich kam frei! Blitzschnell zog ich mein Bein aus dem Erdspalt und robbte den Hang hinauf. Dort ließ ich mich auf den weichen Boden fallen, zog den Fuß an und betrachtete ihn. Wie viel Blut hatte ich verloren? Eine Schramme etwas oberhalb des Knöchels hatte schon aufgehört zu bluten. Ein roter Strich zog sich bis in den Saum der Turnschuhe. Die trockene Erde, die am Fuß hing, wischte ich weg. Tatsächlich, nur diese eine Schramme – und ein Fleck drum herum, der sich langsam bläulich färbte. Halb so schlimm letzten Endes. Trotzdem fühlte ich mich … seltsam. Vor meinen Augen verschwamm alles. Mein Herz raste und meine Zähne klapperten! Éli hastete herbei. Er klopfte sich Erdklümpchen von den Kleidern.

"Lora, ça va? Tu ne va pas **tomber dans les pommes!?**"

Er starrte mich an, als sei ich ein Gespenst. Sah ich wirklich so gruselig aus?

"Viens, **on retourne** chez les autres. Je t'aide. Tu peux marcher?"

Ich nickte. Éli half mir auf die Beine und stützte mich auf dem Weg zurück zum Picknickplatz. Dabei redete er auf mich ein, erzählte mir etwas von einem

---

tomber dans les pommes umkippen
on retourne wir kehren zurück

Fund, den er in dem Bunker gemacht hätte. Er war ganz aufgeregt.

"Je pense que ce sont des **choses volées**. Il y a **plusieurs sacs en plastique**."

Ich schüttelte verwirrt den Kopf.

Da erklang eine ärgerliche Stimme vor uns: "**Voilà** Éli et Lora! **Enfin. Il était temps.**"

Monsieur Mathieu stand am Grillplatz, die Fäuste in die Hüften gestemmt, von der ganzen Klasse umringt. Alle sahen erwartungsvoll zu uns her, als Éli aus dem Unterholz auf den Waldweg sprang und rasch zu ihnen lief, während ich hinter ihm her humpelte. Unser Lehrer hatte die Augenbrauen so sehr zusammengezogen, dass eine steile Falte seine Stirn in zwei glänzende Hälften teilte. Normalerweise hätte sein Anblick mich zum Lachen gebracht. Aber heute nicht. Der Schrecken saß tief. Die Augenbrauen von Monsieur Mathieu änderten ihre Stellung. Sie wanderten zuerst auseinander, dann fragend nach oben und schließlich wieder zusammen, aber diesmal drückten sie nicht Zorn, sondern Sorge aus.

---

choses volées gestohlene Sachen
plusieurs mehrere
sacs en plastique Plastiktüten
voilà da sind ja
enfin endlich
Il était temps. Es war höchste Zeit.

"**Que s'est-il passé?**", fragte er. Seine Augen huschten zu meinem Knöchel und wieder zurück in mein Gesicht. Mit zwei Schritten war er bei mir und legte mir väterlich den Arm um die Schultern. Igitt. Aber irgendwie war es genau richtig in dem Moment. Ich schluchzte auf. Gott, wie peinlich! Meine Klassenkameraden kamen herbei und warfen mir unsichere Blicke zu.
"On a eu un petit **accident**", begann Éli zu erklären. Er schaute mich fragend an. Ich nickte.
"Nous étions là-haut, près du bunker."
"Près du bunker?!" Das war keine Frage. Monsieur Mathieus Augenbrauen glichen wieder einem dicken schwarzen Balken.
Élis Ton wurde defensiv: "**Mais on n'a rien fait de mal! Parole d'honneur.**"
"C'est vrai", pflichtete ich bei. "**J'ai glissé**. Et je suis tombée dans un trou."
Monsieur Mathieu wirkte nicht überzeugt.

Que s'est-il passé? Was ist passiert?
accident Unfall
Mais on n'a rien fait de mal! Wir haben nichts Unrechtes getan!
parole d'honneur Ehrenwort
J'ai glissé. Ich bin ausgerutscht.

Ich sprach weiter: "**Je ne pouvais pas bouger.** Une pierre **bloquait** mon pied. Alors Éli est entré dans le bunker, **a enlevé** la pierre … **et nous voilà**", fügte ich lahm hinzu, als Mathieus Blick immer wütender wurde.

Mathieu schnaubte. "J'ai **strictement interdit** d'aller près des bunkers!" Er fuchtelte mit der Hand vor Élis Nase herum. "**Vous n'avez pas le droit** d'y entrer. **Heureusement**, il n'y a **rien** eu **de grave**."

Dann kniete er sich hin, um meinen Fuß anzuschauen.

"**Montre-moi** ton pied! Je vais te **faire un pansement**."

Er drückte vorsichtig an meinem Knöchel herum, zuckte die Schultern und stand wieder auf. Anscheinend war der Knöchel nicht genug angeschwollen. Oder er verstand mehr davon, als ich ihm zugetraut hätte. Es tat nämlich tatsächlich nicht mehr weh.

Je ne pouvais pas bouger. Ich konnte mich nicht bewegen.
bloquait blockierte
a enlevé hat beseitigt
et nous voilà und jetzt sind wir wieder da
strictement interdit streng verboten
vous n'avez pas le droit ihr dürft nicht
heureusement zum Glück
rien … de grave nichts Schlimmes
montre-moi zeig mir
faire un pansement einen Verband anlegen

"Monsieur, **il y a autre chose encore**", sagte Éli zaghaft, "j'ai trouvé ..."
Unser Lehrer drehte sich um und stapfte kopfschüttelnd davon. Er hörte einfach nicht mehr hin. Éli sah mich an, und ich zog die Schultern hoch. Monsieur Mathieu raffte die Reste des Picknicks zusammen.
"**On y va**!", wies er die umstehenden Schüler barsch an, ihm zu helfen.

Auf der Rückfahrt im Bus erzählte mir Éli noch einmal, dass er dort im Bunker in einer Nische verdächtige Tüten mit Gegenständen gesehen hätte. Und später, in der Nachmittagsbetreuung, sprachen wir erneut darüber.
"**Dommage** que je n'ai pas vu les sacs en plastique. C'est vraiment **bizarre** cette histoire!"
Ich dachte bereits darüber nach, zu dem Bunker zurückzukehren, um der Sache nachzugehen. Da hörte ich die Stimme eines guten Freundes.
"Qu'est-ce qui est bizarre?", fragte Luca, einer der älteren Betreuungsschüler.

Il y a autre chose encore es gibt da noch etwas
On y va! Los, gehen wir!
dommage schade
bizarre merkwürdig

Was tun?

"Salut, Luca ..."
Éli erzählte Luca die ganze Geschichte. Von meinem kleinen Unfall, wie er mich gerettet hatte und von den verdächtigen Tüten, die er beim Hinausklettern aus dem Bunker gesehen hatte.
"Je pense ..." Éli unterbrach seine Schilderung und schaute in die Ferne.
"Quoi?" Luca und ich warteten, dass er weitersprach.
"Bien, je pense que se sont des choses volées."
Das hatte er heute Morgen schon gesagt. Aber wie kam er darauf?
Luca schüttelte langsam den Kopf und runzelte die Stirn. Dabei machte er ein schnalzendes Geräusch mit der Zunge. Ich sah von Éli zu Luca.
"Qu'est-ce que tu as?", fragte ich. "**Pourquoi tu nous regardes comme ça?**"
Luca wirkte nachdenklich. Schließlich rückte er raus mit der Sprache: "Des choses volées? Qu'est-ce qu'il y avait dans les sacs, Éli?"
Éli zog die Schultern hoch. Er habe nicht in die Tüten hineingeschaut, erklärte er, weil er mir helfen wollte. Das war in dem Moment wichtiger gewesen.

Pourquoi tu nous regardes comme ça? Warum siehst du uns so an?

"Alors, tu n'as rien vu?", wollte Luca genau wissen. Éli schüttelte den Kopf. Ob wir vielleicht zur Polizei gehen sollten, fragte er und sah Luca und mich an. Luca sagte zögernd: "Ecoutez. Les **indices** que vous avez ne sont pas **suffisants** pour aller à la **police**."
Da hatte er wohl recht. Éli hatte ja nicht wirklich etwas zu berichten. Ein paar Plastiktüten in einem alten Bunker. Wahrscheinlich war das bloß Abfall, den jemand dort hingeschmissen hatte. Fragend sah ich Éli an. Er schien genauso unsicher zu sein wie ich.
Luca sprach weiter: "Ce n'est pas une bonne idée. La police **ne va pas vous croire**. Moi, je connais la police."
Das überraschte mich. Wieso hatte Luca schon mal mit der Polizei zu tun gehabt? Ich fragte ihn geradeheraus danach.
Er druckste ein wenig herum, dann senkte er die Stimme. "C'était **à cause** d'un ami. Il était **innocent**, mais les **policiers** l'ont **traité comme un criminel**."

---

indices Indizien
suffisants ausreichend
police Polizei
ne va pas vous croire wird euch nicht glauben
à cause wegen
innocent unschuldig
policiers Polizisten
traité comme un criminel wie einen Verbrecher behandelt

In dem Moment mischte sich noch eine weitere Stimme ein.
“Qui est-ce qui est criminel?”
Unsere Köpfe stoben auseinander, und wir sahen in das errötende Gesicht des Lehrers Cramp. Was hatte der zu lauschen? Wir musterten ihn schweigend. Unmöglich, der Mann!
“**Personne.** Personne n’est criminel, Monsieur Cramp”, versicherte Luca gelassen. Dann sah er Éli und mich an. Natürlich hielten wir die Klappe. Wir würden doch Cramp nicht stecken, worüber wir uns unterhalten hatten. Cramp schien überall lange Ohren zu machen und die Schüler auszuhorchen. In der kurzen Zeit, die er an unserer Schule war, hatte er sich nicht gerade beliebt gemacht.
“**D’accord**. Vous avez **préparé** vos **exposés**?” Cramp warf Luca einen undeutbaren Blick zu.
Luca, der unsere Gruppe gemeinsam mit Cramp betreute, antwortete: “Oui, **je les ai déjà controlés**.”
Wir nickten bestätigend und packten unsere Siebensachen zusammen. Zu dritt verließen wir das Gebäude. Beim Hinausgehen ergriff mich Luca am Oberarm. Seine coole, teure Umhängetasche mit dem

---

personne niemand
d’accord alles klar
préparé vorbereitet
exposés Referate
je les ai déjà contrôlés ich habe sie bereits kontrolliert

Spiralanhänger schlug gegen meine Hüfte. Verlegen ließ er mich los und klemmte sich die Tasche unter den Arm.

“Ne dis rien, Lora. **On ne sait jamais** ... **Cette situation** peut être dangereuse.”

Die Pupillen seiner braunen Augen waren riesig. Ich blinzelte, aber gleich darauf sah Luca wieder aus wie immer. Ich blies mir die Haare aus der Stirn. Hmm, einfach die Klappe halten? Wenn wir zur Aufklärung eines Verbrechens beitragen konnten? Éli sah, dass ich mir unsicher war.

“Lora, je pense que **Luca a raison**. **Probablement**, ce sont des **ordures**.”

Ich zuckte mit den Schultern. “D’accord. Je ne dis rien.”

Luca nickte mir lächelnd zu. Dann öffnete er die Tür und ließ uns durch. Am Straßenrand stand ein großer, blank polierter Jeep. Der Fahrer lehnte an der Beifahrertür. Trotz der Sommerhitze trug er eine edle Lederjacke und eine dieser amokteuren Sonnenbrillen. Er hob lässig den Arm, und Luca winkte ihm zu.

---

on ne sait jamais man kann nie wissen
cette situation diese Situation
Luca a raison Luca hat recht
probablement wahrscheinlich
ordures Abfälle

"C'est mon ami Cédric. **Nous avons rendez-vous.** Au revoir, à demain."
Er lief auf das Auto zu und stieg ein. Der Fahrer war bereits um seinen Wagen herumgegangen und glitt hinter das Lenkrad. Mit quietschenden Reifen fuhr er davon.
"**Cool, la bagnole**." Éli schaute dem Auto hinterher.
"Tu trouves? Je n'aime pas les Jeep. **Ce n'est pas mon truc**."

Nous avons rendez-vous. Wir haben eine Verabredung.
cool, la bagnole coole Karre
Ce n'est pas mon truc. Das ist nicht mein Ding.

Dieser Angeber passte gar nicht zu Luca.
"**On dirait** que les amis de Luca sont riches."
Das war die Stimme von Cramp. Er ging an uns vorbei und musterte uns mit knallroter Birne. Wieso machte er überhaupt den Mund auf, wenn er doch wusste, dass er sofort wie eine Glühlampe leuchtete? Und was gingen ihn Lucas Freunde an? Oder unsere Freunde?
"**Et alors?**", giftete ich.
Éli knuffte mich in die Seite, und ich verkniff mir weitere Bemerkungen.
"**Euh**, euh", stotterte Cramp, "rien … Il porte des vêtements très **chers** … euh …"
Anscheinend merkte er selbst, dass seine Äußerung total daneben war, vor allem für einen Lehrer. Er zog den Kopf ein, flüchtete zu seinem uralten Fahrrad, schwang sich auf den Sattel und fuhr davon.
Éli schüttelte den Kopf. Ich schaute Cramp hinterher, der zügig Richtung Innenstadt radelte.
"On va manger une glace, ou une **crêpe**?"
"Oui, pourquoi pas?"
Wir fuhren mit der Stadtbahn in die City und liefen bis zur Berliner Promenade. Dort gab es das beste

---

on dirait es sieht so aus
Et alors? Na und?
euh äh
chers teure
crêpe dünner Pfannkuchen

italienische Eiscafé. Auf den Schreck von heute Morgen genehmigte ich mir einen Venezia-Becher.
“Ton pied te **fait** toujours **mal**?”, fragte Éli und lutschte eine riesige Kugel Schokoeis von seinem Löffel.
“Non”, nuschelte ich, den Mund voller Stracciatella. “**Plus du tout.** Mais, écoute, qu’est-ce que tu penses de Monsieur Cramp?”
Éli machte eine wegwerfende Handbewegung. “Cramp est un **type bizarre**.”
Bizarre – ja, das konnte man wohl sagen. Ich ließ die Schokostückchen auf meiner Zunge zergehen und schaute in die Ferne. Cramp wohnte im selben Ort wie ich. Ich schluckte die flüssige Schokolade und schaute Éli an.

“Tu sais qu’il habite **près de chez nous**?”
Herr Cramp schien nicht sehr wohlhabend zu sein. Aber – er war immerhin Gymnasiallehrer. Er könnte sich also wenigstens normal anziehen und brauchte eigentlich auch nicht mit dem Drahtesel zur Schule zu fahren. Doch das tat er – sommers wie winters. Dafür musste es einen Grund geben … Gedankenverloren futterte ich meine Eisportion zu Ende.

---

fait mal tut weh
Plus du tout. Überhaupt nicht mehr.
type bizarre seltsamer Typ
près de chez nous bei uns in der Nähe

"Éli, peut-être est-il **toxicomane?**"
Éli lachte. "Qui? Cramp? Pourquoi tu dis ça?"
"Parce qu'on dirait qu'il n'a pas d'argent … si tu regardes ses vêtements et son vélo …"
Ja, bestimmt litt Cramp an irgendeiner Sucht. Und die musste er sich teuer finanzieren. Vielleicht horchte er deshalb die Schüler immer aus. Um herauszufinden, ob sie etwas davon ahnten. Vielleicht hatte er sogar deshalb unser Gespräch mit Luca belauscht.
"Et maintenant tu penses que c'est un **voleur**, **n'est-ce pas?**" Éli lachte noch immer.
Ich funkelte ihn an. "Mais non! Mais ... je me sens **observée** quand il est là. **Je le trouve suspect.**"
Ich war mehr denn je der Überzeugung, dass Cramp nicht ganz sauber war.
Doch es wurde spät, und meine Eltern würden schon bald von der Arbeit nach Hause kommen. Also verabschiedeten wir uns. Éli fuhr mit der S-Bahn nach Frankreich, ich in die andere Richtung.

---

toxicomane drogensüchtig
voleur Dieb
n'est-ce pas nicht wahr
observée beobachtet
Je le trouve suspect. Er kommt mir verdächtig vor.

Die Polizei, dein Freund und Helfer

"Das gibt es doch nicht!" Mein Vater ließ die Zeitung sinken, griff nach seiner Kaffeetasse und sagte, bevor er sie an die Lippen setzte: "Jetzt sind sie schon hier in der Gegend. Sie beobachten Häuser, und wenn keiner zu Hause ist, brechen sie ein und klauen Geld, Papiere und Schmuck. Hier steht es in der Zeitung." Er nippte an seinem Kaffee und sah abwechselnd Mama und mich an. Mir zog sich der Magen zusammen. Ich musste an die Tüten im Bunker und an Élis Verdacht denken.

Mama schnalzte mit der Zunge. "Das geht nun schon seit Wochen so! Hat die Polizei noch keine Spur?"

Paps schüttelte den Kopf. "Hier steht: Die Polizei bittet um erhöhte Achtsamkeit. Bisher ist lediglich bekannt, dass es sich um eine organisierte Diebesbande handeln muss, der zum Teil auch Jugendliche angehören. Besonders dreist ist der Fall von Familie K. in H.: Frau K. hatte Nachtschicht und schlief nachmittags, während die Diebe am helllichten Tag unbemerkt in die Wohnung eindrangen und ihr Portmonee aus der Tasche stahlen."

"Aber das muss man doch merken, wenn jemand vor dem Haus herumlungert!"

Ich war innerlich total zerrissen. Sollte ich von Élis Fund berichten? Erstens hatte ich meinen Eltern den

Bunkerunfall noch gar nicht gebeichtet, weil ich auf eine weitere Gardinenpredigt getrost verzichten konnte. Und zweitens wollte ich sie nicht beunruhigen.
"Ja, und dass man diese Bande nicht zu fassen kriegt ...", nickte Mama. "Die arbeiten doch immer in der Nähe der Grenze, nicht?"
"Hmm, ja. Aber im Saarland ist sozusagen alles in der Nähe der Grenze." Paps lächelte, doch dann runzelte er die Brauen. "Das ist eine heikle Angelegenheit. Die Polizei darf nämlich Straftäter nur auf dem eigenen Hoheitsgebiet festnehmen." Er war bei einem seiner Lieblingsthemen angelangt. "Wenn den Dieben also die Flucht über die Grenze gelingt und die Kollegen auf der anderen Seite nicht parat stehen, dann wird's schon kompliziert."
Er schüttelte verärgert den Kopf und stand vom Frühstückstisch auf. Als Mama mir die Brotbox für die Schule reichte und Paps bereits seine Jacke anzog, wurde mir bewusst, dass unser eigenes Haus gleich leer stehen würde. Wir waren bis zum Nachmittag alle weg. Wieder zog sich mein Magen zusammen.
Mama drehte den Schlüssel heute zweimal um. Sie sah mich an, und ich erkannte, dass ihr genauso zumute war wie mir. Als Paps aus der Einfahrt fuhr, winkte er uns noch einmal zu. Er schaute sich mehrmals um, und Mama und ich taten unwillkürlich das Gleiche. Doch alles war wie immer, und auf der

Straße war niemand zu sehen. Mama nahm mich bis zur S-Bahn-Haltestelle mit.

Vor der Schule wartete Éli schon auf mich.
"Salut, Lora! Tu as lu le journal?", sagte er, während wir eintraten.
Also hatte es in der französischen Zeitung auch gestanden!
"L'**article** sur les **cambriolages?** Oui, je l'ai lu. Un cambriolage **s'est produit** près de mon village."
Es gongte, und wir stiegen gemeinsam die Treppe hoch zu unserem Klassenraum.
Ich sagte zu Éli: "Tu sais, **durant la journée**, personne n'est à la maison chez nous."
Éli nickte. "Je comprends."
Ich kaute auf meiner Unterlippe herum. Der Gedanke an unser leer stehendes Haus ließ mich nicht los. Da sah ich aus den Augenwinkeln jemanden winken. Luca ging auf der gegenüberliegenden Seite die Treppe hinauf. Er lächelte uns zu. Wir winkten zurück.
"Vous venez a l'**étude** cet après-midi?", rief er rüber.
"Oui, bien sûr!", antwortete ich.

---

article Artikel
cambriolages Einbruchdiebstähle
s'est produit erfolgte
durant la journée tagsüber
étude Hausaufgabenbetreuung

“**À plus tard alors.**”
Da kam schon unsere Französischlehrerin. Sie scheuchte uns in die Klasse.
“Vite, vite, s’il vous plaît. **Contrôle de français** aujourd’hui.”
Ein Stöhnen ging durch die Reihen. Auch das noch! Ich hatte die Vokabeln nicht gelernt. Zu dumm. Éli grinste mich an. “Tu n’as pas **révisé le vocabulaire**, n’est-ce pas?”
“Non, je n’ai pas **étudié** hier.”
Ich schüttelte bedripst den Kopf und nahm von Madame Rodin das Blatt entgegen.

Am Mittag stand ich hinter Éli am Tresen der Kantine.
“Aujourd’hui, je ne pouvais pas me **concentrer**. Je pense toujours aux voleurs.”
Wir schoben unsere Tabletts zur Essensausgabe.
“Penser aux voleurs?”, klang da eine Stimme hinter mir. Luca schob seinen Kopf über meine Schulter und sah mich an.

À plus tard alors. Bis später dann.
contrôle de français Französischklassenarbeit
révisé wiederholt
le vocabulaire die Vokabeln
étudié gelernt
concentrer konzentrieren

"Oui, il n'y a personne chez moi durant la journée. J'ai **peur** des **cambrioleurs**."
Die Bedienung hielt mir meinen Teller mit Lasagne entgegen, ich griff mir noch eine Apfelschorle und ging weiter zur Kasse. Éli hatte bereits bezahlt. Gemeinsam suchten wir nach einem Tisch, der nur halb besetzt war.
"**On s'assoit à cette table-là?**", sagte Luca und trat neben uns.
"Oui, très bien."
Ich fand es genial, dass er, der schon in der Elften war, sich zu uns setzte. Einige der älteren Mädchen warfen uns überraschte Blicke zu.
Luca setzte sich mir gegenüber neben Éli und beugte sich über den Tisch.
"Lora, tu ne dois pas avoir peur. Si les voleurs étaient près de ton village hier, **je suis sûr** qu'**ils ne reviendront pas** aujourd'hui."
"Oui, je pense aussi. **À mon avis**, ils ne vont pas y aller **deux fois d'affilée**", stimmte Éli zu.

---

peur Angst
cambrioleurs Einbrecher
On s'assoit à cette table-là? Sollen wir uns an den Tisch da setzen?
je suis sûr ich bin sicher
ils ne reviendront pas sie werden nicht wiederkommen
à mon avis meiner Meinung nach
deux fois d'affilée zweimal hintereinander

Das war ein schwacher Trost, aber immerhin. Ich ließ mir meine Lasagne schmecken. Später, in der Étude, kontrollierte Luca unsere Hausaufgaben. Er setzte sich neben mich und sprach flüsternd auf uns ein.

“**Je me fais un peu de souci pour vous**”, sagte er und schaute Éli und dann mir in die Augen.

“Mais pourquoi?”, wollten wir beide wissen.

“Vous voulez **toujours** aller à la police, n’est-ce pas?”

Ich seufzte. “Je ne sais pas **quoi faire**.”

Ich hatte ein blödes Gefühl bei der Sache. Waren wir nicht verpflichtet, der Polizei zu melden, was wir gesehen hatten? Ich wusste einfach nicht, was ich denken sollte.

Ich druckste herum. “Je ne sais vraiment pas …”

Ich hatte Bammel davor, nach Hause zu fahren, wenn meine Eltern noch auf der Arbeit waren. Deshalb fragte ich Éli: “Tu ne peux pas venir avec moi après l’école, et **rentrer à la maison plus tard**?”

Éli nickte: “Oui, d’accord, je viens avec toi. Mais je dois **d’abord appeler** maman.”

---

je me fais un peu de souci pour vous ich mache mir ein bisschen Sorgen um euch
toujours immer noch
quoi faire was tun
rentrer à la maison plus tard später heimkehren
d’abord zuerst
appeler anrufen

Luca lächelte. Dann sagte er: "**J'ai réfléchi à ce que vous m'avez dit hier.**"
Ich war ganz Ohr.
"Et?", fragte Éli.
"Vous êtes mes amis. Je veux vous raconter quelque chose. Je vous ai dit que je connais la police."
Ui, jetzt würde ich mehr über Luca erfahren! Es schien ihm peinlich zu sein, er zögerte.
"Alors, voilà: j'avais un ami qui **téléchargeait** de la musique sur Internet."
Musikdownloads? Klar, wer machte das nicht? Éli hatte auf seinem iPod megacoole Songs drauf, alle ganz legal heruntergeladen. Das sagte ich Luca. Der nickte.
"Oui … Mais …", er machte eine bedeutungsvolle Pause. "Tu penses que c'est **légal**, mais tu ne peux pas être sûr. Mon ami le pensait aussi. Mais la police est **venue chez lui** et a pris tous les **ordinateurs**. Les policiers ont même pris l'**imprimante** et la **souris**."
Das war der reinste Horror! Allein die Vorstellung …

J'ai réfléchi à ce que vous m'avez dit hier. Ich habe nachgedacht über das, was ihr mir gestern gesagt habt.
téléchargeait herunterlud
légal legal
venue chez lui zu ihm nach Hause gekommen
ordinateurs Computer
imprimante Drucker
souris Computermaus

Luca fuhr fort: “C’était **un sacré tohu-bohu**. Alors, moi, **je n’ai plus confiance** dans la police.”
Das war ganz schön heftig. Éli sah mitgenommen aus. Sicher überlegte er fieberhaft, ob seine kostenfreien Downloads wirklich alle legal waren. Plötzlich fühlte ich ein Kribbeln im Rücken. Verstohlen blickte ich mich um. Da sah ich Cramp, der uns beobachtete. Ich hatte das Gefühl, dass er uns schon die ganze Zeit belauschte. Ich machte den anderen beiden ein Zeichen mit dem Kinn, und wir schwiegen. Éli und Luca drehten sich um. Cramp lief rot an. Sollte er merken, dass wir ihn durchschaut hatten!
Wir packten unsere Sachen zusammen, standen auf und gingen nach draußen. Luca wurde heute nicht von seinem reichen Freund abgeholt, sondern ging zum Motorradunterstand. Éli fuhr mit mir in der S-Bahn nach Hause.
Schon von Weitem schauten wir, ob um unser Haus herum alles ruhig war.
“**Tout** est normal, non?”, fragte Éli.
Ich lächelte beruhigt. “Oui, tout est normal. **Rien n’a changé.**”

---

un sacré tohu-bohu ein ganz schönes Tohuwabohu
je n’ai plus confiance ich habe kein Vertrauen mehr
tout alles
Rien n’a changé. Es hat sich nichts verändert.

Wir gingen auf mein Zimmer, und Éli lümmelte sich in Opas alten Ohrensessel.
"C'est vraiment bizarre, n'est-ce pas?", fragte er.
"Quoi?"
"L'histoire que Luca nous a racontée sur la police. Tu sais, moi aussi, j'ai téléchargé beaucoup de musique. Je suis sûr que c'était légal, mais ..."
Mich beschäftigte viel mehr die Frage, ob wir noch mal nach den Sachen im Bunker schauen sollten. Angst vor der Polizei hin oder her – wir mussten Élis Fund doch melden! Das sagte ich ihm klipp und klar. Er zog eine Grimasse. Also dachte er auch schon die ganze Zeit darüber nach.
"Oui, tu as raison. Mais **après tout**, je n'ai pas vu **si** c'étaient des choses volées."
Also waren wir wieder am gleichen Punkt angelangt wie gestern. Waren das einfach Abfalltüten oder steckte mehr dahinter? Ich musste es wissen! Ich wollte herausfinden, ob der Bunker den Dieben als Versteck diente. Éli setzte beide Füße auf den Boden und streckte den Rücken durch. Er wusste wohl, was ich sagen wollte.

---

après tout letztendlich
si ob

"Lora! Tu ne peux pas y aller **toute seule**! **Imagine** que tu tombes **encore** dans un trou."
Ich lachte. "Toute seule? Mais non! **Tu m'accompagnes,** n'est-ce pas?"
"Non, Lora, non! Je dois rentrer à la maison maintenant. Ma mère m'attend."
Feigling! Aber so leicht gab ich mich nicht geschlagen.
"Je n'ai pas dit que nous devons y aller tout de suite. Mais si les cambriolages **continuent**, nous devons vraiment aller voir ce qu'il y a dans ces sacs!"
Vielleicht ermöglichten wir der Polizei damit sogar, die Diebe zu fangen! In mir prickelte es. Das war ein Abenteuer nach meinem Geschmack. Wir konnten doch an einem Nachmittag zu dem Bunker gehen. Heute war es definitiv zu spät, aber morgen hatten wir früher Schulschluss und brauchten auch nicht so lange in der Étude zu bleiben. Ja, beschloss ich in diesem Moment, morgen wollte ich Éli zu dem Bunker schleifen und mir diese Tüten selbst anschauen!
Éli kriegte sich wieder ein, als er merkte, dass ich meine Idee nicht sofort umsetzen wollte.

---

toute seule ganz allein
imagine stell dir vor
encore noch einmal
tu m'accompagnes du begleitest mich
continuent andauern

"Bien, **on verra**. Mais je pense que c'est **une idée folle**."
Wenig später, als meine Mutter nach Hause kam, verabschiedete er sich.
"Je t'accompagne à la **station de tram**", sagte ich.
Als wir an der Haltestelle warteten, rannte ein wunderschöner hellbrauner Golden Retriever herbei und schnupperte an meinem Bein. Ich streichelte ihm das Fell. Ein Traum von einem Hund!
"Spooky", hörte ich da eine Stimme, die ich nur allzu gut kannte, "bei Fuß!" Auch das noch! Reicht es nicht, die Lehrer in der Schule ertragen zu müssen? Cramp kam die Straße vom Wald herabgelaufen. Gehörte dieser tolle Hund etwa zu ihm? In diesem Moment fuhr die Straßenbahn ein. Éli stieg ein und winkte mir grinsend zu, als die Bahn davonfuhr.
Cramp näherte sich schnaufend. Anscheinend war Spooky ausgebüxt. Kluger Hund!
"Ah, salut, Dolores", sagte Cramp und legte Spooky die Leine an. Aus der Gesäßtasche seines kobaltblauen Nylonanzugs ragte eine zerknautschte Tüte heraus. Bei mir gingen alle Alarmglocken an. Ich stotterte eine Begrüßung und ein Tschüss und machte mich dünn. Nichts wie weg hier.

---

on verra wir werden sehen
une idée folle eine verrückte Idee
station de tram Straßenbahnhaltestelle

Verschwunden und wiedergefunden

Freitags hatten wir fünf Stunden, und Éli und ich waren beide von der Étude freigestellt. Also konnten wir nach dem Mittagessen schon gehen.
In der Kantine saß ich gedankenverloren vor meinem Teller. "**Coucou** Lora! Tu rêves?"
Ich schrak auf. Emilie und Kathy saßen mit uns am Tisch und hatten sich die ganze Zeit mit Éli unterhalten. Anscheinend hatten sie gemerkt, dass ich schweigsamer war als sonst.

Éli sah mich an und wartete auf eine Antwort. Er hatte seinen gefüllten Knödel mit Sauerkraut und Specksoße schon verdrückt, während ich lustlos auf meinem Teller herumstocherte. Ich teilte meinen Kloß, schabte mit der Gabel die Füllung raus und aß nur den Kartoffelteig. Dann schob ich den Teller zu Éli rüber.
Er sagte: "Merci beaucoup. J'aime beaucoup les **quenelles farcies**." Er aß alles auf und lehnte sich dann zufrieden zurück. "Lora, qu'est-ce que tu as? Je te trouve **songeuse** aujourd'hui."

---

coucou hallo
quenelles farcies Gefüllte (Klöße)
songeuse nachdenklich

Ich schüttelte den Kopf. "Rien. **Rien de particulier.**"

Ich wollte mit Éli über den Bunker sprechen. Mehr denn je war ich entschlossen, heute Nachmittag dort hinzugehen. Wir mussten bloß Emilie und Kathy loswerden.

"Qu'est-ce que vous faites cet après-midi? Vous allez **faire du sport**?", fragte ich sie.

Emilie zog einen Flunsch. "**Tu parles,** nous allons à l'étude."

"**Oh là là**", täuschte ich Mitleid vor.

Kathy zuckte die Schultern. "**Pas grave.** Vous allez à l'étude, vous aussi?"

"Non, **pas aujourd'hui**", antwortete Éli.

Ich nickte. "**Moi non plus**."

Ich atmete erleichtert auf, als sie sich endlich verabschiedeten.

Als wir an den Räumen der Étude vorbeikamen, warf ich einen Blick hinein, aber es war niemand da, mit dem es sich noch zu sprechen lohnte. Luca hatte wohl keinen Dienst.

Rien de particulier. Nichts Besonderes.
faire du sport Sport treiben
tu parles wo denkst du hin
oh là là oje
Pas grave. Nicht schlimm.
pas aujourd'hui heute nicht
moi non plus ich auch nicht

“Éli, tu m’accompagnes?”, fragte ich auf dem Weg zur Haltestelle. Er nickte.
“Bien sûr. Je pense que nous devons parler. Tu veux toujours aller au bunker?”
Ich druckste herum. “Bien, non, euh, je ne sais pas.”
In der Saarbahn saß uns eine ältere Frau gegenüber, die in einer französischen Tageszeitung las. Auf der ersten Seite prangte die Überschrift: “**Encore des cambriolages!**” Und darunter: “**Police toujours sans trace**”.
Ich zeigte mit dem Finger darauf.
“Éli, tu vois ça? **Ça suffit!** Nous devons aller au bunker. Je veux voir ce qu’il y a dans les sacs! Nous pouvons peut-être aider à **arrêter** les voleurs.”

Wir stiegen aus und gingen die zehn Minuten bis zu unserem Haus.
“Écoute, Éli, nous ne pouvons pas parler à la police si nous n’avons rien à **montrer**. **C’est pourquoi** nous devons aller au bunker!”
Ich schloss die Haustür auf.
“Lora? Bist du das? Ah, salut, Éli!”

Encore des cambriolages! Weitere Einbrüche!
Police toujours sans trace Polizei immer noch ohne Spur
Ça suffit! Jetzt ist es aber genug!
arrêter festnehmen
montrer vorweisen
c’est pourquoi darum

Mama hatte anscheinend schon auf mich gewartet. Freitags hatte sie immer früher Schluss. Sie war nervös.
“Stell dir vor, bei Tim ist eingebrochen worden! Die Diebe sind am helllichten Tag eingestiegen und haben die Sparbücher, die Bankkarten und Sannes Schmuck mitgehen lassen. Wenigstens hatten die beiden ihre Girokontokarten mit sich.”
Ich nahm Mama in den Arm und linste neben ihrer Schulter vorbei in Élis Gesicht. Er schaute verdattert drein. Da sah er, wie wichtig es war, dieser Bande das Handwerk zu legen! Diesmal hatte es jemanden getroffen, den wir kannten. Morgen konnte es schon einer von uns sein.
“Alors”, sagte ich später in meinem Zimmer zu ihm, “si tu ne veux pas venir avec moi, **j’y vais seule**. Tout de suite!”
Éli zog die Augenbrauen zusammen und nickte. Er sah grimmig aus.
“D’accord, je viens avec toi. On y va **à pied**?”
“Non, tu peux prendre le vélo de Papa. Mais ce n’est pas **loin**.”

j’y vais seule dann geh ich allein hin
à pied zu Fuß
loin weit

Ich war Feuer und Flamme. Wir liefen die Treppe hinunter. "Mama, wir fahren in die Kupp! Éli nimmt Papas Fahrrad. Okay?"
"Ja, ja, natürlich."
Von der Hauptstraße aus führte neben der S-Bahn-Haltestelle eine schmale Straße hoch. Sie verengte sich später zu einem Feldweg und verlief an einem Hundedressurplatz vorbei in den Wald hinein. Neben der Haltestelle sahen wir unverhofft Luca mit einem bordeauxroten Motorrad stehen. Das Motorrad wirkte riesig, es war funkelnagelneu. Wir hielten neben ihm an.
"Salut, Luca, ça va?"

"Salut. Oui, ça va, merci."
"**Génial**, c'est une **moto géante**!" Éli machte keinen Hehl aus seiner Bewunderung. Wieso fuhr Luca so ein Riesenteil? Er war mit seinen sechzehn Jahren doch noch zu jung dafür!
"Oui, mais le **moteur** n'est pas **puissant**. **En fait**, c'est un **scooter**."
Na, das reichte ja wohl. Mich beeindruckte das Motorrad ebenso wenig wie der Jeep seines Freundes.

---

génial toll
moto géante riesiges Motorrad
moteur Motor
puissant stark
en fait in Wirklichkeit
scooter Motorroller

"**Tiens!** Mes élèves! Bonjour", hörte ich eine raue Stimme. Cramp schon wieder!

Er wandte sich an Luca: "C'est une très belle moto, Luca. Elle est nouvelle?"

Luca nickte errötend. Cramp begutachtete den Roller mit fachmännischem Blick.

"Il n'est pas trop puissant, le moteur, n'est-ce pas?"

"**Bien sûr que non**", bestätigte Luca.

Cramp schien sich auszukennen. "**Tant mieux.** Tu es **encore** très jeune."

Tiens! Schau an!
bien sûr que non natürlich nicht
Tant mieux. Umso besser.
encore noch

"**Vous vous y connaissez**, Monsieur Cramp?", fragte Éli.
Cramp nickte. Sein zusammengekniffener Mund bildete einen schmalen Strich, die Haut drum herum war blutleer. Ein seltsamer Kontrast zu seinem glühend roten Gesicht! Dann griff er Spookys Leine fester, um ihn von meinem Fuß wegzuziehen, an dem der Hund geschnuppert hatte. Er winkte beiläufig, drehte sich um und ging davon, die Straße Richtung Wald hinauf. Hallo?! Was sollte das denn? Naja, konnte mir nur recht sein. Ich hatte keine Lust auf ein Schwätzchen mit Cramp.
Luca machte ein seltsames Gesicht und sah die Hauptstraße hinunter. Bestimmt wartete er auf ein Mädchen!
Er drehte sich zu Éli und mir. "Vous habitez dans le **quartier**?"
Schon spähte er wieder in die andere Richtung. Klar wartete er auf ein Mädchen! Ob ich sie kannte?
"Oui, moi, j'habite dans la rue **là-bas**", antwortete ich. "Et toi? Tu attends **quelqu'un**?"
Luca schaute in die Richtung, in die ich gezeigt hatte. Dann nickte er. "Oui, j'attends mon ami Cédric."

---

vous vous y connaissez Sie kennen sich damit aus
quartier Viertel
là-bas dahinten
quelqu'un jemanden

"Ah, ton ami avec la jeep?", fragte Éli.
"**Exactement.** Belle voiture, non?"
Da hörte ich auch schon den unverkennbaren Sound des stark motorisierten Autos, mit dem Cédric herumprotzte. Er kam herangefahren. Der Wagen war ganz schön zugestaubt. Auf Cédric legte ich nun echt keinen gesteigerten Wert. Éli und ich stiegen wieder auf unsere Räder, grüßten Luca und fuhren die Straße hinauf. Schon bald erreichten wir den Grillplatz im Wald. Jetzt mussten wir ein Stück querfeldein, durch das Unterholz.
"**Tu te souviens?** Le bunker est là-haut, derrière la petite **clairière**."
Ich zeigte dorthin, wo gleich schon die Lichtung kam. Ganz in der Nähe hörten wir das kreischende Geräusch einer Motorsäge. Hoffentlich arbeitete da niemand bei dem Bunker!
"**J'espère** qu'il n'y a personne. **Je ne veux pas être vu**", murmelte Éli.
"Moi non plus", nickte ich. Mir war es auch lieber, wenn niemand uns sah.
Da lag der Bunker schon vor uns. Wir stellten die Fahrräder an einen Baumstamm und gingen zu der

---

exactement genau
Tu te souviens? Erinnerst du dich?
clairière Lichtung
j'espère ich hoffe
je ne veux pas être vu ich möchte nicht gesehen werden

Ruine. Ich sah Éli an. Ein bisschen beklommen war mir schon zumute. Die Öffnung, durch die er letztes Mal hineingekrochen war, wirkte wie der Schlund eines Urzeitmonsters. Kalte Luft strömte daraus hervor und trug einen Geruch nach Erde und verrottenden Pflanzen mit sich. Außerdem roch es ganz leicht nach Pipi. Ich rümpfte die Nase.

"Tu es **entré** ici? **Je ne le crois pas!**", sagte ich. "**Quelle puanteur!**"

Éli nickte grinsend. "Je l'ai fait pour une très bonne amie. **Je ne l'ai même pas sentie**. Alors, qu'est-ce que tu veux faire?"

"Je veux entrer, bien sûr! **J'ai hâte** de voir ta **trouvaille**."

Ich überwand meine Abscheu, bückte mich und kletterte mit einem Schauder in den Bunker. Ich musste aufpassen, dass ich auf dem trockenen Laub, das der Wind im Lauf der Jahre hineingeweht hatte, nicht ausrutschte. Überrascht blieb ich leicht gebeugt stehen. So groß hatte ich mir den Innenraum nicht vorgestellt. Auf einem geschwärzten glatten Stein war noch der Rest einer Inschrift zu erkennen, und eine

---

entré hineingegangen
Je ne le crois pas! Ich kann's nicht glauben!
Quelle puanteur! Was für ein Gestank!
Je ne l'ai même pas sentie. Ich hab's gar nicht gerochen.
j'ai hâte ich kann es kaum erwarten
trouvaille Fund

Gänsehaut überlief mich, als ich an die Zeit dachte, in der dieser Bunker errichtet worden war – die Nazizeit.

"Je ne savais pas qu'il était si grand le bunker. **Vu de l'extérieur,** il **semble** plus petit", sagte ich zu Éli, dessen Gestalt für einen Moment das Tageslicht ausschloss. Doch auf zwei weiteren Seiten hatten die Sprengungen gezackte Öffnungen entstehen lassen, durch die Licht hereinfiel.

Ich sah mich um. In einer Ecke entdeckte ich winzige, abgenagte Knochen. Mich schauderte. Da hatte wohl ein Raubtier seine Beute verspeist.

"Regarde!" Ich zeigte auf die Stelle. "Tu penses que c'était un **loup**?"

Er schnaubte. "Mais non, il n'y a pas de loups dans cette **région**. C'était peut-être un **renard**."

"Ou une **belette**." Die Knöchelchen sahen aus, als lägen sie schon sehr lange dort. "Tu vois, il y a des **ordures ménagères** aussi." Auch eine Bierflasche lag zwischen den anderen Abfällen herum.

Éli ging mir voraus, ins Dunkel hinein.

---

vu de l'extérieur von außen
semble scheint
loup Wolf
région Gegend
renard Fuchs
belette Wiesel
ordures ménagères Hausmüll

"Nächstes Mal müssen wir an eine Taschenlampe denken", sagte ich.
"Tu vois le **tunnel** là-bas?", hörte ich ihn undeutlich fragen.
Tatsächlich, dort hinten öffnete sich ein runder Gang, der offensichtlich mit Hilfe eines großen Betonrohrs gebaut worden war. Reste davon waren noch zu sehen. Doch schon ein kleines Stück weiter war das Rohr zerborsten und zusammengestürzt, der Durchgang versperrt. Große Brocken lagen auf dem Boden, und von oben war Erdreich nachgerutscht. Ein paar Wurzeln ragten herein. Sie mussten zu einer der Birken gehören, die darüber standen, neben dem Bunker. Ich entdeckte eine Stelle, an der ein Lichtschein in den ehemaligen Tunnel hineinfiel.
"**C'est là où** tu as enlevé la pierre qui me bloquait le pied?"
Éli nickte. "Exactement."
Er zeigte auf den Spalt. Dort war ich also eingebrochen.
Éli nahm ein ziemlich großes Betonstück in die Hand und zeigte es mir.
"C'était cette **pièce de béton,** là."

---

tunnel Tunnel
c'est là où ist das die Stelle, wo
pièce de béton Betonteil

"Okay, d'accord", nickte ich. "Et les sacs en plastique? Où est-ce que tu les as vus?"
Er drehte sich um und zeigte in eine Richtung, in der eine eng zulaufende Nische verborgen war. Sie war nur zu sehen, wenn man in den Bunker hineinstieg, wie wir es getan hatten. Éli krabbelte gebückt in die Nische hinein.
"**Ce n'est pas vrai!**", rief er. "**Ils ont disparu!**"
Er kam zurück und schüttelte den Kopf. "Ils ne sont plus là! **Viens, on sort.**"
Nur allzu gern! Ich atmete tief durch, als wir wieder im Freien standen.
Éli starrte mich an und rieb sich die Nase. Tja, was hatte unsere Entdeckung zu bedeuten? Jemand hatte die Tüten weggenommen! Wir holten unsere Fahrräder und schoben sie langsam zurück zum Waldweg. Verflixt! Wären wir doch nur gestern schon hergekommen. Jetzt hatten wir der Polizei nichts vorzuweisen.
"**Zut alors!**", schnaubte Éli. "**Nous venons trop tard.**"
Aha! Anscheinend hatte er Blut geleckt. Er blickte zornig drein.

Ce n'est pas vrai! Das gibt's doch nicht!
Ils ont disparu! Sie sind verschwunden!
Viens, on sort. Komm, wir gehen raus.
Zut alors! Verdammt und zugenäht!
Nous venons trop tard. Wir kommen zu spät.

"Lora, tu avais raison. Si les sacs ne sont plus là, **c'est une sorte de preuve**!"
Ich nickte heftig. Fieberhaft dachte ich nach. Warum hatten die Diebe die Sachen weggenommen, und wohin hatten sie sie gebracht? Sicher waren sie damit schon über alle Berge. Oder? Da hatte ich einen Geistesblitz. Ein paar hundert Meter von diesem Bunker entfernt gab es einen zweiten.
"Écoute, il y a un autre bunker pas loin d'ici. Peut-être les voleurs ont-ils **caché** les choses là-bas."
Éli nickte. "**Allons-y!**"
Wir schnappten unsere Räder und kamen ganz schön ins Schwitzen, als wir quer zum Waldweg durch das Unterholz fuhren. Wir sackten an mehreren Stellen mit den Rädern ein, so weich und holprig war der Boden. Stellenweise überwucherte Dornengestrüpp alles.
Auch der zweite Bunker lag etwas versteckt abseits der Wege. Ein Stück oberhalb häuften sich frische, durchgesägte Baumstämme zwischen zwei dicken Buchen. Da fiel mir auf, dass der Lärm der Motorsäge seit einiger Zeit verstummt war.

---

c'est une sorte de preuve das ist eine Art Beweis
caché versteckt
Allons-y! Gehen wir!

Das Gelände fiel zum Bunker hin ab. Wir fanden eine dreieckige Öffnung zwischen den dicken Betonquadern.
"Tu vois ça?", fragte Éli. "On peut entrer **par ici**."
Ich nickte. "**Moi, j'y vais la première.**"
Dieses Mal zögerten wir nicht und kletterten vorsichtig hindurch. Hier drinnen war der Abstand zwischen Boden- und Deckenplatte viel enger als in dem anderen Bunker, in dem wir gebückt hatten stehen können.
"Tu penses que les voleurs **marchaient à quatre pattes**, comme nous?" Élis zweifelnde Stimme klang dumpf hinter mir.
"Pourquoi pas?", raunte ich.
So leicht wollte ich nicht aufgeben. Ich kroch vorsichtig weiter. Was berührten meine Hände da außer dem kalten Beton und dem Laub, das auch hier hereingeweht worden war? Wenigstens stank es nicht, doch dafür wirkte die Luft auf mich noch kälter als in dem ersten Bunker. Plötzlich öffnete sich unerwartet ein Abgrund vor mir - als wäre der Boden quer durchgebrochen.

---

par ici hier
Moi, j'y vais la première. Ich gehe als Erste rein.
marchaient à quatre pattes auf allen Vieren krochen

"Viens par ici. Il y a quelque chose à voir! Nous ne sommes pas loin du **but**", rief ich triumphierend.
Éli robbte neben mich und sog zischend die Luft ein. Dort auf der unteren Platte waren undeutlich mehrere Plastiktüten zu erkennen. Gegenstände unterschiedlicher Größe zeichneten sich darin ab.
"Regarde!" Ich zeigte aufgeregt auf ein Teil, das zwischen den Tüten glitzerte. Es schien ein Schmuckstück zu sein. Es erinnerte vage an eine Spirale.
"**J'essaie de prendre un des sacs.**" Éli streckte den Arm nach unten. "Mon bras est trop court. Je vais **descendre**."
"**Chut!**", zischte ich.

Ich hatte etwas gehört! Da war es wieder: Irgendwo bellte ein Hund. Erschrocken schauten wir uns an.
"Vite! **On s'en va.**"
Draußen standen unsere Fahrräder - sie würden verraten, dass wir hier drinnen waren. Wir krochen zum Ausgang und stiegen hinaus. Noch im Laufen klopften wir unsere Kleidung ab, dann schwangen wir uns auf die Sättel. Ohne genau zu wissen warum, fuhren wir wie gehetzt zum Waldweg und radelten heim-

---

but Ziel
J'essaie de prendre un des sacs. Ich versuche, eine der Tüten zu holen.
descendre hinuntergehen
Chut! Pst!
On s'en va. Wir hauen ab.

wärts. Nach einem kurzen Stück sah ich einen hellbraunen Hund heranpreschen. Er hielt an und wedelte mit dem Schwanz. Das war doch …
"Spooky!", erscholl da auch schon die kratzige Stimme von Cramp. Er joggte heran. Verdutzt blieb er stehen und schaute Éli und mich an. Misstrauisch, wie mir schien. Gott sei Dank waren wir schon vom Bunker weg! Hier konnte uns niemand was wollen. Wir machten eine Radtour durch den Wald. Und?
"Tiens. Qu'est-ce que vous faites ici?", fragte Cramp.
"Rien", schnappte ich.
Éli schnalzte mit der Zunge. Schon gut! Ich riss mich zusammen. "**Un tour**." Als wäre das nicht offensichtlich. "C'est un très joli **bois**", setzte ich lahm hinzu.
Cramp lächelte. Seine Stimme klang erleichtert.
"Oui, c'est vrai. Moi aussi, j'aime ce bois. Je viens souvent faire une **ballade** ici avec mon chien."
Sollte er doch mit seinem Hund gehen, wohin er wollte. Spooky schnupperte unterdessen an meiner Wade und kitzelte mich mit seiner feuchten Hundeschnauze. Ich musste lachen. Dieser Hund war echt eine Wucht! Ich kraulte ihn hinter den Ohren.
"Alors, au revoir, Monsieur Cramp. On y va."

---

un tour eine Runde
bois Wald
ballade Spaziergang

Éli hatte es wohl eilig. Ich nickte und setzte mich aufs Rad. Im Vorbeifahren sah ich, dass Cramps Gesäßtasche wieder ausgebeult war. Er ging weiter in die Richtung, aus der wir gekommen waren.

Bevor Éli nach Hause fuhr, redeten wir uns die Köpfe heiß.
"Nous devons y **retourner** et prendre **au moins** un sac", erklärte ich kategorisch.
Zu meiner Überraschung stimmte Éli mir zu.
"Tu as raison. Mais nous devons **faire attention**. Les voleurs peuvent **revenir à tout moment**."
Ich nickte. "Tu penses que Cramp est un des voleurs? Pourquoi est-il toujours près des bunkers? Nous l'avons **déjà** vu deux fois. Et il avait un sac en plastique dans sa poche."
Éli rieb sich die Nase. "**Même si j'ai du mal à le croire** - tu as raison."
Und ob ich recht hatte! "À demain."

---

retourner zurückgehen
au moins mindestens
faire attention aufpassen
revenir à tout moment jederzeit zurückkommen
déjà schon
même si j'ai du mal à le croire auch wenn ich es nur schwer glauben kann

Zurück zum Tatort

Samstagmorgen um halb zehn klingelte es an der Tür.
"Wer ist das denn?" Mama legte ihr Brötchen auf den Teller und schaute fragend erst mich und dann Paps an.
Ich sagte: "Das ist bestimmt Éli!"
Mein Herz hüpfte nervös. Heute wollten wir wieder zum Bunker gehen! Er musste ganz schön früh aufgestanden sein, um jetzt schon hier vor der Tür zu stehen. Schnell sprang ich auf, bevor Mama mich daran erinnern konnte, dass ich mit Tischabräumen an der Reihe war, und rannte zur Tür.
"Salut, Lora!", begrüßte Éli mich. Doch er lächelte nicht, sondern sein Gesicht wirkte angespannt.
"**Qu'est-ce qu'il y a?**", fragte ich, nichts Gutes ahnend.
Éli ging an mir vorbei zur Küche.
"Bonjour, Madame et Monsieur Winter."
"Salut, Éli, ça va?", begrüßte ihn Mama. Doch dann sah sie sein besorgtes Gesicht und sagte: „Viens, **assieds-toi** et raconte!"

Qu'est-ce qu'il y a? Was ist los?
assieds-toi setz dich

Éli setzte sich auf die Eckbank und erzählte: "**Un autre cambriolage s'est produit**. Ici, près de la station de tram."
"Oh!" Mir wurde mulmig.
Mama starrte Éli entgeistert an. "Ici? Près de chez nous? Dans la **rue principale**?"
"Oui", antwortete Éli, "**la nuit dernière**. La police **enquête toujours**. Le monsieur qui habite dans la maison était **au travail**." Éli sah mich bedeutungsvoll an. "C'est un voisin de Cramp."
"Tatsächlich? Vielleicht hat Herr Cramp etwas gesehen oder gehört. Das ist doch euer Lehrer?", meinte Paps.
"Oui, c'est un de nos profs. Il sait peut-être quelque chose."
Nur ich verstand den doppelten Sinn hinter Élis Worten. Ich wollte mit ihm allein sein und über diese Geschichte nachdenken. Ich machte ihm mit den Augen ein Zeichen.

Un autre cambriolage s'est produit. Es gab wieder einen Einbruch.
rue principale Hauptstraße
la nuit dernière letzte Nacht
enquête ermittelt
toujours noch immer
au travail auf der Arbeit

"**Nous montons dans ma chambre**, faire les devoirs", sagte ich.
Mama und Paps nickten und waren gleich darauf in ein Gespräch über die Einbrüche der letzten Tage vertieft. Wir liefen die Treppe hoch zu meinem Zimmer. Ich fragte Éli, ob er Cramp für den Einbrecher halte.
Er legte den Kopf zur Seite und schaute mich fragend an.
"Tu penses que Cramp **est capable de voler son voisin**? Ce n'est pas **logique**!"
"Mais **si**! **Réfléchis! C'est l'alibi parfait.**" Andererseits war es ziemlich dämlich, die Polizei so nahe zum eigenen Wohnort zu locken. Doch wenn Cramp ausgerechnet seinen Wohnort ausgelassen hätte, dann wäre das auch wieder verdächtig gewesen. Ich nickte, meiner Sache immer sicherer. "Pour moi, c'est **une preuve de plus**."
"**Bof** …" Éli kratzte sich am Kopf.

---

nous montons dans ma chambre wir gehen nach oben auf mein Zimmer
est capable de voler son voisin imstande ist, seinen Nachbarn zu bestehlen
logique logisch
si doch
Réfléchis! Überleg' mal!
C'est l'alibi parfait. Das ist das perfekte Alibi.
une preuve de plus ein zusätzlicher Beweis
bof na ja

Ich schaute auf die Uhr. "Il est dix heures et demie. On va au bunker?"
Éli war erstaunt. "Mais tes parents? Tu as dit que nous faisons les devoirs."
"Et alors? Nous pouvons faire les devoirs **cet après-midi.**"
"**Ou bien vice versa,** aller au bunker l'après-midi", grinste Éli.
Warum bis zum Nachmittag warten? In diesem Augenblick nahm ich den Geruch nach angebratenem Hackfleisch wahr, der durch den Flur heraufzog. Da ging mir ein Licht auf. Dieser Gierschlund! Er hoffte auf die unübertroffene Bolognese-Soße meiner Mutter zum Mittagessen.
"**Tu ne penses qu'à manger**, n'est-ce pas?"
Éli lachte und sagte: "L'après-midi nous avons **tout notre temps**! Et c'est plus facile de **pourchasser** des voleurs **avec l'estomac rempli**."
Tja, was sollte ich dazu sagen? Ich war ja happy, dass er mit mir zum Bunker wollte. Also warteten wir das Mittagessen ab.

---

cet après-midi heute Nachmittag
ou bien vice versa oder umgekehrt
tu ne penses qu'à manger du denkst nur ans Essen
tout notre temps alle Zeit der Welt
pourchasser jagen
avec l'estomac rempli mit vollem Magen

Als wir mit den Fahrrädern erneut in die Kupp hochfuhren, begegneten wir keiner Menschenseele. Das war schon mal prima! Beim Bunker angekommen, entdeckte ich Reifenspuren. Die waren mir gestern nicht aufgefallen.

"Éli, tu vois ces **traces de pneu**? Hier, on ne les a pas vues, non?"

"**Je n'y ai pas fait attention.** Mais tu te souviens du **bruit** de **scies** hier? L'**ouvrier** est peut-être venu en voiture."

"Tu as raison. **Bien sûr!**"

Klar, wie sollte man sonst mit einer Kettensäge in den Wald kommen? Umso besser, dass heute alles still war. Kein Auto und keine Motorsäge weit und breit. Wir stellten unsere Fahrräder an denselben Baum wie gestern und zogen die Westen über, die wir mitgebracht hatten. Ich nahm die Taschenlampe vom Gepäckträger und reichte sie Éli. Diesmal ließ ich ihm den Vortritt durch die dunkle Öffnung; ich hatte ja schon alles gesehen. Drinnen krochen wir nebeneinander zu der Stelle, wo die Betonplatte abgesackt war.

---

traces de pneu Reifenspuren
Je n'y ai pas fait attention. Ich habe nicht darauf geachtet.
bruit Krach
scies Sägen
ouvrier Arbeiter
Bien sûr! Klar!

Éli leuchtete die Tüten an. Waren neue hinzugekommen? Ich war mir nicht sicher, doch mir schien, dass die Plastikbeutel anders lagen als gestern!
"Je pense que quelqu'un est venu ici!", flüsterte ich aufgeregt. "**Les sacs ont été bougés**, tu ne crois pas?"
Éli blendete mich mit der Taschenlampe. Ich zischte und drückte seine Hand nach unten.
"Pardon", murmelte er und leuchtete wieder hinunter. "Tu as raison."
Ich fasste einen Entschluss: "Je descends."
"Oui, d'accord", sagte Éli, "regarde ce qu'il y a dans les sacs."
Ich ließ mich vorsichtig von der oberen Platte auf die untere hinabgleiten. Es war tatsächlich kaum mehr als ein halber Meter. Unten konnte ich mich ein gutes Stück aufrichten. Ich schaute Éli an und kniff die Augen zusammen, weil er schon wieder in mein Gesicht leuchtete.
"**Baisse la lampe!**", raunte ich und machte das Daumen-runter-Zeichen.
Er grinste. Ich ging in die Hocke und griff nach der erstbesten Tüte. Ein Gegenstand fiel klackernd auf den Boden. Als ich danach griff, erkannte ich den Anhänger von gestern und hob ihn hoch, so dass auch

---

les sacs ont été bougés die Tüten sind verrückt worden
Baisse la lampe! Nimm die Lampe runter!

Éli ihn sehen konnte. Anscheinend ein Schlüsselanhänger.
"Ah", rief Éli aus, "je connais ça, je l'ai déjà vu!"
Ich hatte auch das Gefühl, diesen Anhänger schon einmal gesehen zu haben, aber wo?
"Moi aussi, mais **je ne me souviens pas** où."
Ich steckte den Anhänger in die Hosentasche und griff erneut nach der Tüte. Vor Neugier vibrierend, öffnete ich sie. Tatsächlich! Darin lagen eine Geldbörse, zwei Sparbücher und etwas Schmuck. Außerdem ein funkelnagelneues Nintendo DSi und ein Handy. Ich nahm das Handy heraus und schaltete es ein, doch offenbar war der Akku nicht geladen. Ob so ein Handy etwas einbrachte?
"Qu'est-ce que tu as trouvé?", erklang Élis ungeduldige Stimme.
Ich hielt ihm die Tüte offen hin, sodass er hineinleuchten konnte. Er schnalzte mit der Zunge.
"**Bingo!** Viens, on y va. Nous prenons un des sacs avec nous. Mais **plutôt** un **d'en dessous**."
"Oui, c'est une bonne idée."

je ne me souviens pas ich erinnere mich nicht
Bingo! Da haben wir es!
plutôt eher
d'en dessous von unten

Dann fiel es vielleicht nicht so auf, dass eine Tüte fehlte. Ich legte die obere Tasche also zurück und zog eine der unteren heraus.

Da hörte ich ein leises Geräusch, das mich zusammenzucken ließ. Éli erschrak ebenso wie ich, denn das Licht der Taschenlampe ruckte für einen Moment in die Höhe. Ich fuhr herum und starrte in seine aufgerissenen Augen.

"**Éteins la lampe!**"

In derselben Sekunde hatte er die Taschenlampe ausgeschaltet. Mit angehaltenem Atem lauschten wir und blickten bang zum Durchschlupf des Bunkers, durch den spärlich das Tageslicht hereinfiel.

"C'est une voiture! **Sans aucun doute**", flüsterte Éli.

"Elle **s'approche** du bunker", nickte ich. Mist!

"Allons-y!"

Éli reichte mir die Hand und zog mich auf die obere Platte. Die rauen Kanten des Betons drückten mir schmerzhaft in den Magen, und mit einem hässlichen Ratsch riss mein T-Shirt ein. Wir krochen so schnell wie möglich zum Ausgang zurück. Das Motorengeräusch war schon ganz nah! Noch bevor wir den Aus-

---

Éteins la lampe! Mach' die Lampe aus!
sans aucun doute ohne Zweifel
s'approche kommt näher

gang erreichten, hielt der Wagen an. In diesem Moment erkannte ich den Sound des Motors wieder.
"**Eh bien dis-donc, c'est Cédric!**", flüsterte ich voller Panik. Wir hielten beide wie gelähmt inne. Schlagartig wurde uns klar, was das bedeutete: Cédric steckte hinter den Diebstählen! Denn dass der gestylte Angeber in den Wald kam, um Holz zu machen, das war höchst unwahrscheinlich.
Nach einer Schrecksekunde wollten wir beide gleichzeitig nach vorne krabbeln und stießen schmerzhaft mit den Köpfen aneinander.
"**Aïe!**" Ich rieb mir die Schläfe.
"Après toi", flüsterte Éli.

Mittlerweile hatte längst die Tür des Jeeps geschlagen. Ich wollte vorankriechen, doch da sah ich einen Schatten auf den Durchschlupf fallen. Ich hörte das Geräusch von Schritten im trockenen Laub. Siedend heiß fielen mir die Fahrräder ein.
"Les vélos!", zischelte ich Éli zu.
Vor meinen Augen flimmerte es, und mein Herz pochte so laut, dass ich meinte, es müsse nicht nur den Bunker zum Erzittern bringen, sondern sogar bis nach draußen hörbar sein. Éli schaute mich mit geweiteten Augen an. Ihm erging es kein bisschen bes-

---

Eh bien dis-donc, c'est Cédric! Ja, sag mal, das ist doch Cédric!
Aïe! Aua!

ser. Er biss sich auf die Unterlippe, und der Schweiß stand ihm auf der Stirn. Der Schatten war am Einschlupf vorbeigegangen. Doch das war ein schwacher Trost, denn die Schritte hatten sich zielstrebig auf die Fahrräder zu bewegt.
"Il y a quelqu'un?", hörte ich Cédrics Stimme.
"**Que faire?** Éli, dis quelque chose!"
Wie sollte Éli auf eine Lösung kommen, wenn ich selbst keine hatte? Hinauszuklettern war wohl das Dümmste, was wir jetzt tun konnten. Wir setzten uns auf den Hosenboden und drängten uns dicht zusammen. Mit angehaltenem Atem hörten wir auf die Geräusche, die Cédric draußen machte. Woran machte er sich zu schaffen? Erst hörte ich ein Plumpsen, als sei etwas umgefallen. Aber unsere Räder waren es nicht, sonst hätte irgendetwas metallisch klackern müssen. Dann schleifte etwas Großes durch das Laub. Es kam näher.
"Il **fait rouler** quelque chose", flüsterte Éli fast tonlos. Ich nickte. Wir lauschten weiter. Das Rollen klang, als würde es schneller.
"Zut!", stöhnte ich. Das Gelände fiel doch zum Bunker hin ab! "Il veut **boucher** la sortie! Vite! Allons-y!"

Que faire? Was sollen wir tun?
fait rouler rollt
boucher verschließen

"**Trop tard!**" Éli flüsterte nun nicht mehr. Wozu auch? Cédric hatte ganze Arbeit geleistet: Ein dicker Baumstamm war vor den Durchschlupf gerollt und schloss ihn komplett zu. Nur ein Spalt blieb frei. Durch ihn fiel ein Streifen Licht herein.
"Au secours!", schrien wir fast gleichzeitig und krochen wie die Irren zu dem Baumstamm. Ich war als Erste da und drückte wie besessen dagegen. Das raue Holz ruckelte ein bisschen, aber bewegen ließ es sich nicht. Der Stamm war zu dick und zu schwer, und das Gefälle verhinderte, dass er wegrollte. Der Bunker war verschlossen. Schlicht, aber wirkungsvoll.
"Au secours! Cédric, **nous sommes ici, à l'intérieur**!"

"**Laisse-moi essayer**." Éli zerrte an meiner Weste, und ich kroch zurück, um ihn vorzulassen. Er versuchte sein Glück, aber auch bei ihm bewegte sich der Stamm keinen Zentimeter.
"Cédric, nous sommes dans le bunker! Aidez-nous!"
Keine Reaktion. Meine Stimme wurde schriller.
"**C'est nous**, Éli et Lora, les amis de Luca. Laissez-nous sortir! Enlevez le **tronc, je vous en supplie**!"

Trop tard! Zu spät!
nous sommes ici, à l'intérieur wir sind hier drin
laisse-moi essayer lass mich mal versuchen
c'est nous Wir sind's
tronc Baumstamm
je vous en supplie ich flehe Sie an

Draußen klirrte etwas. Ich verstand, was Cédric machte: Er warf die Fahrräder in den Kofferraum seines Autos. Mit lautem Krachen schlug er die Klappe zu. Anscheinend hatte er uns überhaupt nicht gehört – oder er ignorierte uns.

"Encore une fois, **ensemble** – un, deux, trois ...", zählte ich.

"Au secours!" Wir schrien uns den Hals heiser. Mucksmäuschenstill lauschten wir. Würde Cédric reagieren?

Da hörten wir ihn lachen. Er lachte! Auch mein letzter Rest Hoffnung schwand.

"Au revoir, les enfants! Vous restez là **pour l'instant**." Wir verstanden jedes Wort, klar und deutlich. Ich hasste ihn!

"Non, Cédric! Vous ne pouvez pas nous laisser ici dans le bunker. Aidez-nous!", schrie ich in einem letzten verzweifelten Versuch.

Doch er lachte wieder.

"Ma petite, **quel dommage**! Tu es très jolie, mais vraiment **stupide**."

---

ensemble zusammen
pour l'instant vorläufig
quel dommage wie schade
stupide dämlich

Wären wir doch zuhause geblieben! Éli schnaubte. Sicher hatte er denselben Gedanken auch schon gehabt.
"Cédric, s'il vous plaît!", bettelte ich.
Zwecklos. Wir hörten, wie er sich vom Bunker entfernte, die Autotür öffnete und kurz darauf wieder zuschlug. Dann fuhr er davon.
Na bravo! Hier saßen wir nun. Wie die Fliegen im Spinnennetz. Éli schaltete die Taschenlampe ein, sodass wir nicht komplett im Dunkeln saßen. Jetzt galt es, klare Gedanken zu fassen und zu überlegen, wie wir hier wieder herauskamen.
"Éli, qu'est-ce qu'on va faire maintenant?"

"**Je n'en ai pas la moindre idée** ... J'essaye d'enlever ce tronc."
"Inutile! Le **terrain** devant est **en pente**. **Il faut** un **levier** pour **bouger** ce tronc."
Grimmig nickte Éli.
"Tu as un levier? Il n'y a rien ici. J'essaye."
Er hatte ja recht. Was blieb uns anderes übrig?
"Je t'aide."

---

je n'en ai pas la moindre idée ich habe nicht die geringste Ahnung
terrain Boden
en pente abschüssig
il faut wir brauchen
levier Hebel
bouger verrücken

Wir krochen nebeneinander bis zum Baumstamm und drückten gleichzeitig dagegen. Nichts. Ohne Hebel war nichts zu machen. Und von innen schon gar nicht, weil der Stamm ganz einfach wieder zurückrollen würde, wenn wir ihn auch nur ein paar Zentimeter weit wegschieben könnten. Es musste jemand von außen helfen. So schnell gaben wir nicht auf - aber bald waren wir beide klatschnass geschwitzt, obwohl es eisig war da unten. Unsere Kräfte ließen langsam nach, und schließlich kamen wir zur Einsicht, dass nichts zu machen war.
"Quelle heure est-il?"
Nicht dass es eine Rolle spielte. Aber ich hatte bereits jedes Zeitgefühl verloren.
"Je ne sais pas. Je n'ai pas de montre. Il doit être **à peu près** quatre heures."
Ich stöhnte. "Mes parents ne vont pas nous chercher avant huit heures. Et ils ne savent même pas où nous sommes allés."
"Mais tu leur as bien parlé du bunker et des sacs, non?"
Mir wurde übel. Kein Wort hatte ich erzählt!
"Mais non", druckste ich herum.

à peu près ungefähr

Éli fluchte leise. “Et nos vélos ne sont plus là non plus. Si je comprends bien, il n’y a **aucune trace de nous**.”
Verflixt! Hätte ich ihnen doch nur von Élis Fund berichtet! Wenigstens wussten sie, dass wir in den Wald gefahren waren. Doch dann fiel mir ein, wo genau der Bunker lag.
“**En plus**, cet **endroit** est loin du **chemin. Ils ne vont pas nous chercher par ici**, près du bunker.”
Puh, magere Aussichten! Ich drängte mich näher an Éli. Meine Zähne klapperten, so kalt war mir. Wie waren wir bloß in diese verfranste Situation geraten? Wir brüteten schweigend vor uns hin. Ich war heilfroh, dass Éli mir keine Vorwürfe machte.

“Lora”, sagte er nach einer Weile, und seine Stimme klang gefasst und entschlossen. Ich sah ihn an.
“Cédric va revenir. Peut-être **même** ce soir. **Il nous reste un peu de temps** pour nous **préparer**. Nous

---

aucune trace de nous keine Spur von uns
en plus außerdem
endroit Ort
chemin Weg
ils ne vont pas nous chercher par ici sie werden uns nicht hier suchen
même sogar
il nous reste un peu de temps wir haben noch etwas Zeit
préparer vorbereiten

sommes deux. **Quant à moi**, je veux voir ce qu'il y a dans ces sacs là-bas."

Er hatte Nerven! Jetzt nach den Tüten mit den gestohlenen Sachen schauen? Andererseits ... hier in der Kälte rumzuhocken und dem Erfrierungstod entgegenzubibbern, war auch nicht gerade eine sinnvolle Beschäftigung. Ich nickte.

Er fuhr fort: "On va faire un **plan.** Un **plan de défense.**"

Das klang gut.

"Oui, tu as raison. Peut-être trouverons-nous quelque chose pour nous **défendre**."

Wir kletterten wieder zu dem Versteck und stiegen auf die untere Platte. Wir durchwühlten die Tüten, fanden unzählige Geldbörsen, die alle geleert waren, und viele elektronische Spielzeuge, außerdem Gold- und Silberschmuck. Etwas Großes, das man als Waffe hätte benutzen können, fanden wir allerdings nicht. Keine Ahnung, wie lange wir die Sachen durchwühlten, aber meine Finger wurden schließlich so eisig, dass ich jammerte.

"**Il fait froid ici**, Éli."

Er sah mich an und nickte enttäuscht.

---

quant à moi was mich betrifft
plan Plan
plan de défense Verteidigungsplan
défendre verteidigen
il fait froid ici es ist kalt hier

“Et **il vaut mieux éteindre** la lampe. À cause des **batteries**, tu sais?”
“Viens, on retourne à l’entrée”, bat ich Éli. “Au moins, il y a **un peu de lumière**. Et **il y fait moins froid**.”
“Oui, d’accord. Quand Cédric reviendra, il devra enlever le tronc. **Et puis, nous fuirons.**”
Neue Hoffnung keimte in mir auf. Noch war nicht alles verloren!
Als wir uns in der Nähe des Durchschlupfs wieder zusammenkauerten, drückte ein spitzer Gegenstand in meiner Hosentasche. Ich zog ihn heraus und ertastete den Spiralanhänger.

Und schlagartig blitzte ein Bild vor meinem inneren Auge auf: eine total coole Schultasche, die gegen meine Hüfte schwang. Daran genau so ein Spiralanhänger, wie ich ihn in der Hand hielt! Es war Lucas Tasche, an der ich den Anhänger schon einmal gesehen hatte!

---

il vaut mieux es ist besser
éteindre auszumachen
batteries Batterien
un peu de lumière ein bißchen Licht
il y fait moins froid es ist nicht so kalt dort
Et puis, nous fuirons. Und dann werden wir fliehen.

Gefangen!

Wie kam der Anhänger von Lucas Schultasche hierher?
"Éli, écoute."
"Oui?"
Ich tastete nach seiner Hand und ließ den Anhänger hineingleiten.
"**Tu reconnais ça?** Je l'ai trouvé près des sacs là-bas, tu te souviens?"
"Oui, bien sûr! Et alors?"
"Je me souviens maintenant: ce **pendentif** appartient à Luca."
Éli atmete aus.
"Tu as raison, **en effet**. C'est le pendentif de son cartable."
"Tu penses que Cédric le lui a volé?"
Schon während ich es aussprach, merkte ich, wie abwegig dieser Gedanke war. Éli lachte tonlos.
"Non, je ne crois pas."
Mir wurde übel. Das bedeutete ja, dass Luca etwas mit der Sache zu tun hatte! Nein, das wollte ich nicht glauben. Ich wehrte mich gegen meine Gedanken, obwohl sie klar auf der Hand lagen.

Tu reconnais ça? Erkennst du das wieder?
pendentif Anhänger
en effet tatsächlich

"Luca a perdu le pendentif ici, dans le bunker."
"Mais non, Éli, Luca n'est pas un voleur. Je ne peux pas croire cela!"
"Tu ne *veux* pas le croire."
Ich schwieg verbissen. Was sollte ich dazu sagen? Ich war schockiert. Luca war doch ein Vorbild, in jeder Hinsicht. Er war ein guter Schüler, zuverlässig und hilfsbereit. Sollte das alles nur Fassade sein?
"Mais, Luca est un ami, n'est-ce pas? Il est *notre* ami."
Wir konnten uns nicht so in ihm getäuscht haben.
"Lora, moi aussi, **j'ai du mal** à le croire. Mais … **c'est évident.** Cédric est l'ami de Luca. En plus, Luca **possède** des choses très chères. **Comment ça se fait?** Il habite avec sa grand-mère qui n'est **vraiment pas riche du tout**."
"Oui, mais **il y a certainement une explication à ça**. Il travaille … comme toi, **d'ailleurs**."
Ich wollte noch etwas sagen, doch da hörte ich draußen ein Geräusch.

j'ai du mal es fällt mir schwer
c'est évident das liegt klar auf der Hand
possède besitzt
Comment ça se fait? Wie kann das sein?
vraiment pas riche du tout wirklich nicht reich
il y a certainement une explication à ça es gibt bestimmt eine Erklärung dafür
d'ailleurs übrigens

"Écoute!", zischte ich. "Qu'est-ce que c'est?"
Éli hielt, wie ich, den Atem an. Draußen näherten sich Tritte auf dem weichen, laubbedeckten Boden. Dann hörte ich ein Schnüffeln, ein leises Winseln.
"Spooky, bist du das?"
"Wuff!"
"Ist dein Herrchen da? Such, Spooky, such dein Herrchen! Braver Hund, bring dein Herrchen her."
Spooky bellte, lief ein paar Schritte, kam wieder zurück und bellte noch einmal. Lockte er Cramp her? Oder war er nur ausgebüxt? Da kam mir ein erschreckender Gedanke: Was, wenn Cramp auch noch mit drin steckte in der Sache?
Éli sagte zaghaft: "Il vaut mieux que le chien n'**ammène** pas son **maître**. Qu'est-ce qu'on donnerait comme **explication**?"
Wir lauschten auf die leisen Geräusche, die Spooky machte. Nach ein paar Minuten entfernten sich die Pfoten, und es herrschte wieder absolute Stille.
Wir schwiegen beide. Die Zeit schien stillzustehen. Oder raste sie? Ich hatte überhaupt kein Gespür dafür, wie lange wir schon festsaßen. Irgendwann sackte mein Kopf auf meine Brust. Ich döste ein. Es war ein unruhiger Schlaf, und ich konnte mich an keinen

---

ammène herbringt
maître Herrchen
explication Erklärung

der wirren Träume erinnern, als ich schlagartig aufwachte.

Ein Geräusch hatte mich geweckt. Auch Élis Körper war angespannt. Tatsächlich, da draußen näherte sich ein Fahrzeug. Wir zitterten beide vor Aufregung. Kam Cédric zurück?

Falsche Freunde

Dieses Motorengeräusch hatte ich schon einmal gehört, aber es war nicht Cédrics Jeep, sondern es klang nach einem Motorrad.
"Ah! C'est Luca!"
Éli hatte es ebenfalls wiedererkannt. Mein Herz machte einen nervösen Hüpfer. Was bedeutete Lucas Kommen für uns?
"Tant mieux si ce n'est pas Cédric", murmelte Éli. Aber hatte er recht?
"Mais c'est peut-être Cédric **qui l'a envoyé** ...", sprach ich meine Befürchtung aus. "Qu'est-ce qu'on fait alors?"
Wir hörten, wie der Motor der Maschine erstarb, das Klicken, als der Ständer heruntergedrückt und der Motorroller abgestellt wurde. Dann näherten sich Schritte. Sie hielten vor dem Baumstamm an. Stille. Mein ganzer Körper bebte.
"Âllo?", hörten wir Luca zaghaft rufen. "Il y a quelqu'un dans le bunker?"
Wir schwiegen. Eine Zeitlang tat sich nichts, dann bewegten sich Schritte vom Bunker weg, wir hörten undeutlich, wie ein Ast oder Zweig knackte, und die Schritte näherten sich wieder.

---

qui l'a envoyé der ihn geschickt hat

“**Que c’est lourd!**”, ächzte Luca, “Qui est-ce qui a mis **ce machin** là? **C’est étrange!**”
Plötzlich bewegte sich der Baumstamm vor dem Durchschlupf. Wie von der Tarantel gestochen, krochen Éli und ich zum Holzstumpf und drückten dagegen. Gleich darauf kippte der Stamm zur Seite und gab den Durchschlupf frei. Draußen stand Luca mit einem langen, kräftigen Ast, den er offensichtlich als Hebel benutzt hatte. Éli und ich hatten unseren Flucht- und Überraschungsplan komplett vergessen. Wir saßen im Loch und blinzelten zu Luca hoch. Der wiederum schaute total verdattert auf uns herab. Er ging in die Hocke und reichte mir wortlos die Hand. Erst zog er mich heraus, dann half er Éli. Noch immer wirkte er völlig fassungslos. Er schüttelte den Kopf.
“Je n’y comprends rien. Comment êtes-vous entrés dans le bunker? Et qui a bouché l’entrée?”
Wir gingen ein Stück vom Bunker weg, ich rieb mir die Oberarme. Herrlich warm war es hier draußen!
“Nous sommes venus chercher les sacs”, begann ich. Was nützte es, jetzt noch drum herumreden zu wollen? Luca zog erschrocken den Atem ein.
“Les sacs …”, murmelte er.

Que c’est lourd! Mensch, ist das schwer!
ce machin dieses Ding
C’est étrange! Merkwürdig!

Sein schuldbewusster Blick gab mir einen Stich. Also hatte Éli doch Recht gehabt – Luca hatte mit der Diebesbande zu schaffen! Ich sah Éli an.
Er wirkte auch nicht gerade glücklich, als er nickend fortfuhr: "Oui, nous voulions **récupérer** un des sacs pour le montrer à la police. **Nous sommes convaincus** que ces sacs **contiennent** des choses volées."
Luca seufzte.
"Luca, **fais-tu partie** des voleurs?", fragte ich ihn auf den Kopf zu.
Er zuckte zusammen. Dann nickte er.
"Oui ..."
Ich warf Éli einen Blick zu. Wir ließen Luca weiterreden.
"Oui. Non. Oui, mais ... **J'ai observé les gens** et leurs maisons. Je n'ai jamais volé **la moindre chose**. Je ne suis pas entré dans les maisons non plus."
"Mais écoute ...", begann ich.
Luca ließ mich nicht ausreden.

récupérer rausholen
nous sommes convaincus wir sind überzeugt
contiennent beinhalten
fais-tu partie (de) gehörst du (zu)
j'ai observé les gens ich habe die Leute beobachtet
la moindre chose das Geringste

"Vous ne comprenez pas, c'est difficile … Je suis **orphelin**, vous savez? J'habite chez ma grand-mère. Elle n'a pas beaucoup d'argent. Alors j'ai commencé à travailler."

Okay, dagegen war ja nichts einzuwenden. Auch Éli jobbte. Der nickte zu Lucas Worten.

"**Un jour**, j'ai **connu** Cédric. Il m'a **impressionné**. Et il m'a **prêté** de l'argent pour m'acheter un iPod. Il était très gentil, vraiment."

Bei der Erwähnung von Cédric schaute ich mich nervös um. Luca erzählte weiter: Cédric verlangte das geliehene Geld zurück, aber Luca hatte natürlich keines. So bat Cédric ihn um einen Gefallen.

"Ce n'est que quelques jours plus tard que j'ai compris ce que je faisais. J'observais des maisons et **je notais** quand les gens **partaient** et **rentraient**."

Ich verstand, wie das Ganze abgelaufen war: Luca spähte erst mal nur Häuser aus. Bis er kapierte, dass genau in diese Häuser dann eingebrochen wurde, dauerte es ein wenig. Vielleicht wollte er es sich auch

---

orphelin Waise
un jour eines Tages
connu kennen gelernt
impressionné beeindruckt
prêté geliehen
je notais ich notierte
partaient gingen
rentraient kamen

nicht eingestehen. Cédric bezahlte ihn gut, und er konnte dem Geld nicht widerstehen. So wurde aus dem Ganzen rasch ein Selbstläufer.
"Je te comprends", sagte Éli.
Hmm, ja, nachvollziehen konnte ich jetzt auch, wie es dazu gekommen war, dass Luca zum Dieb wurde. Er war noch nicht fertig.
"Un jour, nous avons cherché une **cachette** pour les choses volées. Nous ne voulions plus les avoir **sur nous**. Alors, moi, j'ai eu l'idée des bunkers. Je savais qu'il y a des bunkers **presque** partout dans le bois."
Ja, das war eine gute Idee gewesen. Cédric hatte Luca dafür fürstlich belohnt.
"**Et puis**, après plusieurs **vols**, j'ai pu même **passer mon permis de conduire** et m'acheter le scooter."
Lucas Geständnis und seine Offenheit fesselten uns, doch nun erfasste mich erneut Nervosität. Was, wenn Cédric zurückkam?
"Écoutez", sagte ich, "il faut y aller."
"Oui, tu as raison. Allons-y!"

cachette Versteck
sur nous bei uns
presque fast
et puis und dann
vols Diebstählen
passer mon permis de conduire meinen Führerschein machen

Éli machte bereits die ersten Schritte zwischen die Bäume. Er wirkte plötzlich ebenso nervös, wie ich mich fühlte. Ich ging ihm nach, und Luca schlug die Richtung zu seinem Motorrad ein.
Waren wir taub gewesen? Hatten wir so gespannt auf Lucas Geschichte gehört? Wie hatten wir das Motorengeräusch überhören können?
Zwischen den Bäumen, genau vor Éli, brach Cédrics Jeep heraus. Erschrocken sprang er zur Seite. Der Jeep kam schlitternd und Staub aufwirbelnd zum Stehen. Cedric sprang heraus.
"Luca, attrape-la!", schrie er und griff nach Élis Oberarm. Gehetzt sah ich Luca an – der hatte den Gesichtsausdruck eines Kaninchens vor der Schlange und dachte sichtlich fieberhaft nach. Ich stand wie gelähmt, zu keiner Bewegung fähig.
Grob drehte Cédric Éli beide Arme auf den Rücken und hielt ihn fest. Éli stöhnte vor Schmerz. Ich wollte irgendetwas tun – schreien, wegrennen, zuschlagen. Aber dieses seltsame Gefühl, gelähmt zu sein, wurde noch stärker. Wie eine Statue stand ich da. Luca sprang neben mich.
"Si tu ne **bouges** pas, ça ne fera pas mal. Tu dois te **tenir tranquille**", raunte er, griff nach meinem Arm, drehte ihn nach hinten und nahm mit der zweiten

---

bouges bewegst
tenir tranquille stillhalten

Hand meinen anderen Arm. So fest wie ein Schraubstock drückte er meine Handgelenke aneinander. Da fiel die Lähmung von mir ab. Für mich brach eine Welt zusammen. Ich hatte dem Verräter seine Reue geglaubt! Ich krümmte mich nach vorn, um den Druck auf meine Arme zu mindern.

"**Traître!**", zischte ich. "Je t'ai cru. **Je t'ai fait confiance.**"

Cédric lachte auf.

"Viens, **on leur attache les mains** avec la **corde**."

Mit der einen Hand hielt er Élis Handgelenke zusammen, zerrte ihn um den Jeep herum und öffnete den Kofferraum. Éli wehrte sich nicht, als Cédric mit der freien Hand darin wühlte und dann triumphierend ein Seil hervorzog.

"Viens ici!", wiederholte er und winkte Luca zu sich. Der zerrte mich zum Jeep – ich wehrte mich, aber Luca war stark. Es war zwecklos.

"Comme ça, tu vois?" Ich sah, wie Cédric das Seil zweimal um Élis Handgelenke schlang und festzog, bis er aufstöhnte.

"Ammène-la ici, mets-les **dos-à-dos**", befahl Cédric.

Traître! Verräter!
Je t'ai fait confiance. Ich habe dir vertraut.
on leur attache les mains wir fesseln ihnen die Hände
corde Seil
dos-à-dos Rücken an Rücken

Luca zog mich mit dem Rücken zu Éli und drückte meine Hände gegen seine. Élis Haut war nasskalt von Schweiß. Dann wurde das Seil grob um meine Handgelenke gewickelt. Luca hatte jetzt die Arbeit übernommen.

"Traître!", zischte ich noch einmal und versuchte, mich zu ihm umzudrehen.

"Chut, **tais-toi!**", flüsterte er und machte sich weiter an dem Seil zu schaffen.

Cédric war inzwischen neben den Wagen getreten und hatte die Rücktür geöffnet.

"Fini? **Dépêche-toi!**", rief er. "Pousse-les dans la voiture. Nous devons prendre tous les sacs du bunker et puis **disparaître**."

Ich spürte, wie Luca das Seil zwischen unseren Handgelenken mehrmals quer wickelte, dann zerrte er daran. Anscheinend zog er jetzt den Knoten zu. Er schob uns an den Schultern neben den Jeep, wo Cédric die Tür offen hielt, und drückte uns auf den Rücksitz. Éli rutschte als erster hinein, dann ich. Es zog schmerzhaft in meinem Arm, weil ich mich verrenken musste. Ich warf Luca einen Giftblitzblick zu. Er lächelte bedauernd und schlug die Tür zu, so dass ich schnell meinen Kopf zurückziehen musste.

Tais-toi! Sei still!
Dépêche-toi! Beeil' dich!
disparaître verschwinden

"Viens, allons récupérer les choses", hörte ich Cédrics Worte durch die Autotür. Er schloss mit der Fernbedienung ab und ging Luca voraus. Der drehte sich mit dem Rücken zu uns und hielt dahinter seine Hände zusammen, als seien sie gefesselt. Dann zog er sie betont auseinander.

Ich schaute über die Schulter zu Éli.

"Tu as vu?"

Er nickte und zerrte bereits an dem Seil, dass es schmerzhaft in meine Handgelenke einschnitt.

"Ah, oui, je comprends."

Manchmal war ich tatsächlich schwer von Begriff. Fieberhaft zog und zerrte auch ich.

"Aïe, ça fait mal", stöhnte ich.

"Oui, mais **continue**! La corde **s'est** déjà **défaite**!"

Tatsächlich! Das Seil lockerte sich immer mehr. Schließlich konnte ich meine Hände herausziehen, mich umdrehen und Éli ebenfalls losbinden.

"Luca **l'a fait exprès**. Il veut nous aider. Je le savais … Vite on s'en va!" Ich fummelte bereits am Türgriff und lachte erleichtert auf: Beim zweiten Versuch ließ die Tür sich von innen öffnen. Doch es klackerte so laut! Gehetzt schaute ich zum Bunker. Nichts zu sehen! Wir stolperten beide hinaus und rannten geduckt

---

continue mach weiter
s'est … défaite hat sich … gelöst
l'a fait exprès hat es absichtlich gemacht

in den Schutz der Bäume. Ich hielt Éli am Arm fest, bis er stehen blieb.
"Quoi?" Er wollte weiter, doch ich zerrte ihn an seiner Weste zurück.
"Et Luca?", schnaufte ich und warf einen Blick über meine Schulter. Der Bunker lag da wie verlassen. Cédrics Jeep stand davor, die eine Tür noch immer offen. Alles ruhig.
"Tu veux le laisser ici?"
Immerhin hatte er uns die Flucht ermöglicht. Sollten wir ihn jetzt in den Fängen von Cédric zurücklassen?
Éli stöhnte.
"Je ne sais pas. Cédric est **plus fort que nous**. Qu'est-ce que nous pouvons faire?"
"Luca nous a aidés!"
"Oui, mais ... Peut-être, il peut **s'enfuir** plus tard. Cédric ne sait pas ce que Luca nous a raconté. Il pense que Luca n'a rien dit."
Éli zog wieder weiter, doch ich hielt seinen Westenzipfel fest. Er zerrte mich halb hinter einen Buchenstamm, sah dann an mir vorbei, und ich drehte mich ebenfalls um. Noch immer war alles ruhig. Es dauerte wohl, die Tüten zusammenzuraffen und aus dem Bunker herauszukriechen.

---

plus fort que nous stärker als wir
s'enfuir entkommen

Ich zauderte. Hatte Éli recht? Dass das Seil nicht gehalten hatte, würde Cédric Luca nicht als Absicht auslegen. Trotzdem widerstrebte es mir, unseren Freund in der Höhle des Löwen zurückzulassen.
“Viens, Lora, **nous allons à la police**.”
Da erst hatte ich die rettende Idee. Wie konnte ich nur so blöd sein? Ich hatte doch mein Handy dabei! Schnell zog ich es aus der Gesäßtasche und klappte es auf. Akku leer!
“Zut alors!”
Éli zog seinen BlackBerry hervor und schaltete ihn ein. Er runzelte die Augenbrauen und hielt ihn mir vor die Nase. Verflixt, hier gab es ja gar kein Netz!

Wir starrten uns gegenseitig an.
“Que faire?”, flüsterte ich.
Plötzlich hörten wir Geschrei.
“Luca! Où sont-ils?”
Cédric hatte unsere Flucht entdeckt. Und wir standen noch immer wie die Ölgötzen hier zwischen den Bäumen, kaum vor ihren Blicken verborgen!
“Vite!”, raunte ich, und endlich kam Bewegung in uns. Wir hasteten weiter. Dort hinten lag der Waldweg. Ich blickte über meine Schulter und sah Luca, der uns hinterherlief. Er machte Handzeichen, dass wir schneller rennen sollten.

---

nous allons à la police wir gehen zur Polizei

"Vite, vite, cherchons une cachette! Ou un chemin qu'il ne peut pas prendre **en voiture**!"
Luca hatte aufgeholt und zog mich am Arm mit.
"Stop! **Arrêtez-vous, ou je tire!**"
WAS? Ich schaute über die Schulter zurück. Mein Herz setzte einen Schlag aus: Cédric stand neben seinem Wagen und hielt eine Pistole in der Hand!
"Il a un **pistolet**!", raunte ich.
Geduckt rannten wir weiter. Da zerriss ein Schuss die Stille. Wir ließen uns fallen und hielten die Arme über die Köpfe. Zeternd stob ein Schwarm Vögel auf, irgendwo bellte ein Hund.
Éli hob den Kopf und spähte nach hinten. Da stand Cédric auch schon über uns.
"**Tournez-vous!**", blaffte er.
Gehorsam drehten wir uns um. Er zielte mit der Pistole auf mich!
"Viens-là, ma petite."
Er winkte mich mit einem Finger zu sich heran. Als ich vor ihm stand, griff er mich grob am Arm, drehte mich und hielt mich vor sich.
"Après vous."

---

en voiture mit dem Auto
Arrêtez-vous, ou je tire! Stehenbleiben oder ich schieße!
pistolet Pistole
Tournez-vous! Dreht euch um!

Cédric zeigte mit der Pistole Richtung Jeep. Luca und Éli stolperten uns voraus zum Wagen.
"Cédric!" Luca schaute über seine Schulter. "C'est vraiment **terrible** ce que tu fais là."
Cédric lachte böse auf.
"Attache-les, tes amis", forderte er mich auf. Ich nahm das Seil und wickelte es um Élis Handgelenk.
"Attends", sagte Cédric, "**Nous avons besoin** de deux cordes."
Er forderte mich auf, Luca ebenfalls zu fesseln.
"**Montez**, mes amis", sagte Cédric.
Luca und Éli stiegen hinten ein.
Cédric schob mich zur Beifahrerseite, öffnete die Tür und schubste mich auf den Sitz. Dann legte er den Gang ein und fuhr los.
"**Merde! Satané chien!**"
Da draußen lief Spooky auf uns zu! Cédric gab Vollgas und erwischte den Hund, aber zum Glück nur seitlich. Er jaulte auf und sprang geduckt ins Unterholz.

---

terrible schrecklich
nous avons besoin wir brauchen
montez steigt ein
Merde! Scheiße!
Satané chien! Verfluchter Hund!

Verfolgungsjagd

"Reiß dich zusammen!", fuhr ich mich in Gedanken an. Zugegeben, wir waren in einer ziemlich fiesen Situation. Ein offensichtlich gewaltbereiter Irrer entführte uns in seinem Auto, und er hatte eine Schusswaffe. Fieberhaft dachte ich nach. Was konnten wir tun? Da der Waldweg schmal und holprig war, konnte Cédric nicht Vollgas geben, trotz seines geländegängigen Wagens.

Ich starrte aus dem Fenster in die Bäume am Wegrand. Da sah ich zwischen dem Grün und Braun das Kobaltblau von Cramps Jogginganzug aufblitzen. Ich drehte den Kopf, schaute dann aber sofort wieder nach vorne, damit Cédric es nicht registrierte. Gott sei Dank, er hatte nichts bemerkt!

Eine heiße Welle durchflutete mich. Cramp! Er hatte sich wohl zwischen den Bäumen versteckt. Mir wurde schlagartig alles klar: Unser Lehrer war mit Spooky im Wald gelaufen, wie so oft. Er musste den Schuss gehört haben!

Ich räusperte mich. Cédric schaute kurz zu mir rüber. "Qu'est-ce qu'il y a?", fragte er und heftete die Augen wieder auf die Straße. Als er schalten musste, rutschte die Pistole zwischen seine Beine auf den Sitz. Er ließ sie dort liegen. Dann geschahen mehrere Dinge auf einmal: Wir kamen an eine Weggabelung, Cédric bremste ruckartig ab, die Pistole fiel vom Sitz

und rutschte unter eines der Pedale. Gleichzeitig hörten wir ein Geräusch, das uns auffahren ließ: Ein Motor wurde gestartet.
“C’est mon scooter!” raunte Luca.
Im selben Moment würgte Cédric den Jeep ab.
“Merde!”, presste er zwischen den Zähnen hervor, versuchte, die Kupplung durchzutreten, doch darunter klemmte die Pistole.
“Où est-il, ce pistolet?”
Hektisch fuhr Cédric mit den Füßen unter den Pedalen herum.
Die Waffe schlidderte unter den Fahrersitz.
Erst als wir die Ortschaft bereits hinter uns ließen, wagte ich wieder in den Seitenspiegel zu schauen. Mein Herz setzte aus: Hinter uns kam ein kobaltblauer Motorradfahrer auf einer großen Maschine näher. Er trug Lucas Helm – Cramp! Wir erreichten jetzt die Stadt. Ich schielte in den Spiegel. Cramp war noch immer hinter uns. Als wir an der Ampel halten mussten, nahm er ein Handy und rief jemanden an. Mein Herzschlag setzte für eine Sekunde aus. Wenn nur Cédric nicht in den Rückspiegel schaute!
Die Ampel schaltete auf Grün. Cramp blieb hinter uns. Doch Cédric entdeckte ihn schließlich. Kein Wunder bei dem leuchtenden Jogginganzug, den unser Lehrer trug!

“Qui est-ce, ce **motard**? Luca, c’est ton **casque**, non?”
Luca schwieg.
Ich muss zugeben, dass Cramp auf dem großen Motorrad eine ganz andere Figur abgab als sonst – wenn man mal den unmöglichen Jogginganzug vergaß. Er folgte Cédrics Jeep mit Leichtigkeit. Mehr als einmal hielt ich die Luft an und kniff die Augen zu, als er knapp vor einem anderen Wagen einscherte. Fahrer hupten wütend, Bremsen kreischten. Aber es ging glatt.
“C’est **inutile**”, sagte Luca. “Avec la moto, **il te suivra** partout.”
“**On verra**”, knurrte Cédric zwischen den Zähnen.
In diesem Moment erklang ein Martinshorn.
“Merde!”, fluchte Cédric. “Ce n’est pas possible!”
Er schaute in den Rückspiegel. Ich drehte mich um, genau wie Éli und Luca. Weit hinter Cramp fuhr ein Polizeiauto mit Blaulicht. Éli drehte sich wieder nach vorne und grinste mich an.
“C’est fini, Cédric. **Laisse tomber!**”
Doch Cédric lief zur Höchstform auf.

---

motard Motorradfahrer
casque Helm
inutile nutzlos
il te suivra wird er dir folgen
on verra das werden wir ja sehen
Laisse tomber! Vergiss’ es!

Das Wochenendhaus

"Le motard **se croit finaud**. Mais il a oublié, qu'en France, la police allemande **ne peut rien me faire**."
Wir kamen jetzt in unbewohntes Gebiet. Cédric brauste die Straße entlang.
"Ils **ont informé** la police française, **c'est sûr**!"
Luca klang überzeugt. Ich schaute nach hinten. Die Polizisten fuhren einen der älteren, grünen Streifenwagen; sie konnten mit Cédrics Auto kaum mithalten. Mir wurde mulmig, als ich sah, wie der Abstand sich langsam, aber zusehends vergrößerte.
Cèdric brach in Lachen aus. "**Nous avons** déjà **passé la frontière**. La police est **trop lente**."
"Mais la moto n'est pas lente", sagte Éli.
"Et alors? Moi non plus."
Cédric gab noch mehr Gas. Dann kam eine Ausfahrt. Er riss das Lenkrad herum, ohne merklich abzubremsen. Ich schrie laut auf, als der Wagen in die Kurve hineinschlingerte und wir hin- und hergeworfen wurden.

---

se croit finaud hält sich für schlau
ne peut rien me faire kann mir nichts anhaben
ont informé haben informiert
c'est sûr mit Sicherheit
nous avons … passé la frontière wir haben … die Grenze überquert
trop lente zu langsam

"Merde!", entfuhr es Cédric.
Er lenkte gegen, bremste, das Auto ruckte wie im Schluckauf.
Mit quietschenden Reifen schoss er aus der Ausfahrt nach rechts in eine Landstraße. Sie führte schon bald in einen Wald hinein. Ich schaute panisch nach hinten. Cramp bog gerade in die Straße ein. Gut, er war uns jedenfalls noch auf den Fersen, wenn Cédric sich auch einen sauberen Vorsprung verschafft hatte. Von der Polizei sah ich nichts mehr. Hatte sie uns verloren? War das möglich? Meine Zuversicht sank.
"Où est-ce que tu veux aller? Ici, il n'y a rien", sagte Luca. Seine Stimme klang besorgt.
"Aucune voiture", murmelte Éli.
"Et aucune maison", nickte Cédric, "personne."
Ich sah im Augenwinkel etwas aufblitzen und schielte in den Seitenspiegel. Der einzelne Scheinwerfer von Cramps Motorrad! Verstohlen blickte ich Cédric an. Er schien nach etwas zu suchen.
"**Ça fait longtemps que je ne suis plus venu ici** …"
Wie gut mochte Cramp uns noch sehen? Der schwarze Jeep dürfte im dunklen Wald bestens getarnt sein.
"Ah, voilà, c'est ici!"

ça fait longtemps que je ne suis plus venu ici ich bin schon lange nicht mehr hier gewesen

Cédric bremste und bog unvermittelt nach links in einen schmalen Waldweg ab, kaum mehr als ein Fußpfad. Er führte gleich darauf in einer scharfen Biegung wieder nach links und dann nach rechts. Das perfekte Versteck!
Cédric stellte den Motor ab und drehte sich zu uns um.
Wir schwiegen und lauschten auf die Geräusche des Waldes. Hörte man einen Motor? Ja! Eindeutig das Motorrad. Ich drehte mich unwillkürlich um und versuchte, durch die Bäume hindurch etwas zu erspähen. Hatte Cramp gesehen, dass wir abgebogen waren?

"On nous trouvera!"
Éli versuchte, zuversichtlich zu klingen, doch sein Zweifel war deutlich zu hören.
"**Bienvenue** dans ma petite maison."
In Cédrics kleinem Haus? Was sollte das denn?
"Quelle maison?", fragte Luca.
"Attends, **encore quelques mètres** et tu verras."
Die paar Meter zogen sich dann doch noch ein gutes Stück. Der Weg musste vor langer Zeit angelegt worden sein. Der graue Schotter war fast komplett unter Gras, Moos und Laub verborgen. Wo mochte er hinführen? Vermutlich war es ein alter Forstweg, der

---

bienvenue herzlich Willkommen
encore quelques mètres noch ein paar Meter

ganz offensichtlich in diesem Jahr noch nicht benutzt worden war. Sonst hätte Cramp ihn sicher nicht übersehen.

Ich wurde ruhig und konnte klar denken. Was hatte Cédric mit uns vor? Ich wollte es wissen!

"Cédric, **qu'est-ce que vous allez faire de nous?**"

Er antwortete: "Bof … Ce n'est pas facile, tu sais? **Vous m'obligez** à faire ce qui n'était **pas prévu**.

---

qu'est-ce que vous allez faire de nous was werden Sie mit uns machen
vous m'obligez ihr zwingt mich
pas prévu nicht vorgesehen

Vous en savez trop, les enfants, et moi, je ne veux **courir aucun risque**! Je ne suis pas **fou**."

Unbeirrt folgte Cédric der Straße. Vor uns wurde ein alter, grün verwitterter Zaun sichtbar, dahinter standen riesige Tannen. Cédric hielt an, stieg aus und öffnete ein schief in den Angeln hängendes Gatter. Er stieg wieder ein und fuhr durch das Tor. Es war mittlerweile hier im Wald so dunkel, dass wir ohne das Scheinwerferlicht nicht mehr weit gekommen wären. Nach wenigen Metern hatten wir ein Wochenendhäuschen erreicht. Cédric hielt mir die Pistole vor die Nase.

"Lora, tu fais ce que je te dis, **compris**?"

Ich nickte mechanisch.

Er stieg aus und öffnete die Heckklappe.

"Viens, prends deux **bidons**."

Ich folgte seinem Befehl, und als ich nach hinten kam, sah ich die Benzinkanister im Kofferraum. Mein Herz sackte mir in die Hose. Mit schweißnassen Händen griff ich zwei der Kanister. Sie waren schwer. Nur mit Mühe konnte ich sie beide herausheben.

---

courir aucun risque kein Risiko eingehen
fou verrückt
compris verstanden
bidons Kanister

"Tu en prends deux, moi un. Et vous les **mecs**, **descendez** de la voiture!"
Die beiden mussten sich verrenken, um mit ihren auf dem Rücken gefesselten Händen die Tür zu öffnen. Mit Gesichtern, die in der Dämmerung aschfahl wirkten, stiegen sie aus und traten zu uns. Mir war elend zumute. Das alles war meine Schuld! Hätte ich Éli doch niemals dazu überredet, in den Bunker zurückzukehren, um die gestohlenen Sachen zu suchen!
"**Allez! Dépêchez-vous**."
Wir stolperten zum Haus. Cédric schloss die Tür auf.
"Elle est à toi, cette maison?", fragte Luca.
Cédric lachte.
"Bien sûr. C'est une maisonnette de famille. Quand j'étais petit, **on passait** souvent **le week-end** ici. Il y a un petit **lac** là-bas."
Wir sahen uns schweigend an. Cédric wies uns mit der Pistole an hineinzugehen. Hinter der Tür stand

---

mecs Jungs
descendez steigt aus
Allez! Los!
dépêchez-vous beeilt euch
on passait ... le week-end verbrachten wir ... das Wochenende
lac See

man direkt in einem kleinen Wohnzimmer mit einem Esstisch. Cédric schnaubte angewidert.
"**Quelle odeur!**"
Muffig roch es, und alles war von einer Staubschicht überzogen, auch der Kamin.
"**Qu'est-ce que tu attends? Vas-y!**"
Cédric stieß mir grob die Pistole in den Rücken, und ich stolperte vorwärts zur Tür. Luca und Éli folgten mir. Éli machte keinen Mucks mehr. Er schien mir nur mit den Augen etwas sagen zu wollen, aber was? Ich öffnete die Tür und ging die schmale Holztreppe hinauf. Oben gab es einen winzigen Flur, von dem zwei Zimmer abgingen.

"Là-bas, c'est la chambre de mes parents, et celle-ci est **la mienne**. Les **W.C.** sont au **rez-de-chaussée**."
Cédric öffnete die Tür und stieß uns in das zweite Zimmer. Hinter uns sperrte er ab.
"Je reviendrai tôt. **Mettez-vous à votre aise!**"
Dann hörten wir ihn die Treppe hinunter poltern.
"Il faut partir!"

Quelle odeur! Wie das riecht!
Qu'est-ce que tu attends? Worauf wartest du?
Vas-y! Geh!
la mienne meins
W.C. Toilette
rez-de-chaussée Parterre
Mettez-vous à votre aise! Macht es euch bequem!

Gehetzt schaute ich mich im Raum um. Er war ziemlich klein, aber gemütlich eingerichtet. Das rustikale Holzbett in der Ecke war mit blau-grün karierter Bettwäsche bezogen. Die gleichen Farben fanden sich auf dem Rollo des Dachfensters. Das war zu klein, um hindurch kriechen zu können. Am Fußende des Bettes stand eine Kommode, gegenüber der dazugehörige Kleiderschrank. Auf der Kommode stand ein kleiner, tragbarer Fernseher. Unter das Fenster hatte man einen Tisch mit einem Stuhl gestellt.

"Cherchez une sortie!", forderte ich die Jungs auf.

Éli drehte sich um und hielt mir seine Handgelenke hin.

"Tout d'abord, peux-tu **défaire** nos cordes?"

"Oui, bien sûr."

Ich zerrte an dem Knoten, bis ich ihn endlich offen hatte. Dann löste ich Lucas Fesseln.

"Mais Cédric, que fait-il en bas? Il est sorti?"

Wir lauschten, und da fiel die Tür ins Schloss. Er hatte sie zuvor offen gelassen. Verließ er das Haus und fuhr weg? Angestrengt hörten wir auf die Geräusche.

"A-t-il **fermé** la porte **à clé**? Il est toujours dans la maison ou est-il sorti?", flüsterte Luca.

---

défaire losmachen
fermé ... à clé abgeschlossen

"Chut!" Ich legte mein Ohr an die Tür. "Non, il n'a pas encore fermé la porte à clé. Il est toujours dans la maison, je l'entends."
Die anderen beiden stellten sich neben mich und horchten ebenfalls. Éli stand mit dem Gesicht zu mir. Er schaute mich mit großen Augen an.
"On dirait qu'il **verse un liquide**."
Das waren Lucas Worte in meinem Rücken.
Nun roch ich es: Benzin! Hektisch trat ich von der Tür weg und sah mich gehetzt im Zimmer um.
"Il faut absolument **se défiler**, **sinon on meurt tous** ici!"
"Il y a cette **lucarne**", sagte Éli.
"Lora, tu es la plus petite et la plus **gracile** de nous."
Luca nahm mich an der Hand und zog mich zum Schreibtisch. "Tu essayes de **passer,** d'accord?"
"Oui, j'essaye."
Ich nickte. Éli zog den Stuhl zurück, und beide griffen mir unter die Arme, als ich hinaufstieg.
"Zut! **C'est coincé**!"

---

verse un liquide eine Flüssigkeit ausschüttet
se défiler abhauen
sinon on meurt tous sonst sterben wir alle
lucarne Dachluke
gracile zierlich
passer durchkommen
c'est coincé das klemmt

Das verflixte Ding wollte sich nicht öffnen lassen! Der Benzingeruch zog unverkennbar in das Zimmer.
"Il s'approche! Dépêche-toi!"
Luca kletterte auf den Tisch.
Der Hebel grub sich schmerzhaft in meine Hand, als ich mit aller Kraft dagegen drückte.
"**Je n'y arrive pas!**", stöhnte ich.
Luca kniete nun neben mir. "Laisse-moi essayer!"
Ich rückte ein Stück zur Seite, sodass er sich gegen den Hebel stemmen konnte. Mit einem knarrenden Geräusch und einem Fauchen öffnete sich endlich das Fenster!
"Il est **dans l'escalier**!", warnte Éli von der Tür aus.
Luca zog mich vor sich, ich streckte meinen Kopf durch das Fenster. Es war extrem eng! Erst musste ich beide Arme nach draußen schieben, dann die eine Schulter und schließlich, mit Gewalt, die zweite. Ich verrenkte mir fast den Hals dabei. Luca drückte mich nach oben, doch ich steckte fest! Nichts ging mehr. Es tat weh!
"Aïe!", schrie ich auf. "**Cela ne marche pas.** Stop, Luca!" Luca hörte auf zu schieben.
Da hörte ich, dass die Tür aufgeschlossen wurde.

Je n'y arrive pas! Ich schaffe es nicht!
dans l'escalier auf der Treppe
Cela ne marche pas. Es geht nicht.

"Merde!" Cédrics Lieblingswort! "Stop! **Arrêtez** tout de suite!"
Ich schrie auf, als ich die größeren, groben Hände von Cédric an meiner Taille spürte. Ich machte mich so schmal ich konnte, denn mir war klar, dass er keine Rücksicht nehmen würde.
"**Rentre enfin!**", schrie er mich an und zerrte grob an mir.
"Aïe, aïe, aïe, ça fait mal!"
Die Arme taten weh, die Schultern waren taub, und meine Wange brannte wie Feuer! Cédric fauchte wütend, schubste mich vom Tisch und zog das Fenster zu. Éli und Luca fingen mich auf.

"Asseyez-vous là-bas, sur le lit!", blaffte Cédric und zeigte auf das Bett.
Die Jungs zogen mich mit, und wir setzten uns nebeneinander hin. Ich rieb mir beide Oberarme. Auf meiner Wange sickerte Blut aus der Schramme. Cédric lief vor uns auf und ab.
"Je ne peux pas le croire! Vous êtes **tellement bêtes**!"
Er raufte sich kopfschüttelnd die Haare. Seine Schritte verlangsamten sich, er blieb stehen und sah uns der Reihe nach an. Seine Stimme wurde dunkel und rau.

---

arrêtez hört auf
Rentre enfin! Komm endlich rein!
tellement bêtes so dumm

“**Quoi qu’il en soit** … Maintenant**, je dois agir.**”
Eine unheimliche Ruhe schien sich über ihn zu legen.
“Mais … vous ne pouvez pas **nous brûler** dans cette maison!”
Meine Stimme tat in meinen eigenen Ohren weh, so schrill war sie.
“Lora a raison … pourquoi nous **tuer**? Cédric, **tu n’es quand même pas un meurtrier**!”
Luca sah mit weit aufgerissenen Augen seinen ehemaligen Freund an.
Da hörten wir ein Brummen. Das Motorrad! Wie von der Tarantel gestochen, fuhr Cédric herum. Er drohte: “**Pas de bêtises!**”, hastete zur Tür, zog sie zu und rannte die Treppe hinunter. Mit wenigen polternden Schritten war er an der Haustür und riss sie auf.
“Vous?!”, schrie er. Das Motorengeräusch war inzwischen verstummt, und nichts als der Abendgesang der Vögel und der Grillen antwortete Cédric.

---

quoi qu’il en soit wie dem auch sei
je dois agir ich muss handeln
nous brûler uns verbrennen
tuer töten
tu n’es quand même pas un meurtrier du bist doch kein Mörder
Pas de bêtises! Keine Dummheiten!

Wahre Freunde

Ein fast unhörbares Flüstern, zittrig und unsicher: "Il a fermé la porte? Il l'a fermée?"
Éli legte mir die Hand auf den Oberschenkel. Hatte Cédric abgeschlossen? Éli stand auf und schlich auf Zehenspitzen zur Tür. Unendlich langsam drückte er den Griff nach unten. Es knackte. Er lehnte sich gegen die Tür. Sie ging auf! Sofort waren Luca und ich bei ihm.
"Chut!" Ich legte den Finger auf die Lippen. "**Pas de bruit!**"
Der Benzingeruch war hier im Flur überwältigend. Ich musste einen Würgreiz unterdrücken.
"Où est-il? Qu'est-ce qu'il fait?", flüsterte Luca, schlich zum Geländer und spähte die Treppe hinunter.
Er winkte Éli und mich zu sich. Im Treppenhaus war Cédric nicht.
"Descendons!"
Éli gestikulierte in Richtung der Treppe. Alles ruhig – Cédric war offenbar noch immer draußen. Er schien um das Haus herumzulaufen, denn seine zeternde Stimme kam plötzlich näher und war dann wieder weiter weg.
"Il ne peut pas nous entendre!"

Pas de bruit! Kein Lärm!

Vorsichtig schlichen wir die Treppe hinunter. Überall war Benzin vergossen. Die Gase betäubten mir fast die Sinne. Im Erdgeschossflur gab es ein kleines Fenster, das nach hinten raus führte. Ich schlich hin und versuchte, es zu öffnen. Meine Hand lag bereits am Griff, als plötzlich eine Gestalt draußen stand. Cédric starrte mich durch das Fenster an!
Erschrocken wich ich zurück.
"Merde!", hörte ich ihn rufen.
Verflixt! Er rannte weg, ich sprang zum Fenster und drehte an dem Knauf. Der bewegte sich nicht!
"Lora, fais quelque chose, dépêche-toi!"
Éli sprang neben mich und rüttelte ebenfalls an dem Knauf. Nichts. Er ließ sich nicht drehen.
"**En arrière!**", schrie Cédric aus dem Wohnraum.
Wir hörten ihn zur Tür laufen.
"Zut!", knurrte Éli und rüttelte weiter verbissen an dem Fenster.
"J'ai dit en arrière! **Éloignez-vous** de la fenêtre!"
Cédric stand bereits im Flur! Wir wirbelten herum. Das erste, was ich sah, war die Mündung seiner Pistole. Sie zitterte. Oh Gott, würde dieser Irre abdrücken? Luca und ich wichen so weit wie möglich zum Fenster zurück. Cédric kam näher. Der Pistolenlauf zuckte zur Treppe hoch.

En arrière! Zurück!
éloignez-vous geht weg

“**Montez à l’étage**, tout de suite!”, schrie Cédric.
Wir überschlugen uns fast, so eilig hatten wir es, wieder nach oben zu kommen.
“Allez, entrez, vite!”
Wir stolperten zum Zimmer. Mit zitternden Händen öffnete Éli die Tür und trat als erster hinein, gefolgt von Luca und mir. Cédric schlug die Tür zu. Wir warteten auf das Geräusch des sich drehenden Schlüssels. Doch da hörten wir einen dumpfen Schlag, etwas fiel polternd zu Boden und schlidderte mit einem metallischen Klappern über den Dielenboden weg.
“**Lâchez-moi!**”, brüllte Cédric.
Es gab ein Geräusch, wie wenn man mit einem heftigen Ruck ein Kissen aufschlägt, und jemand stöhnte vor Schmerz.
“C’est Cramp! Nous devons l’aider!”
Waren die Jungs eingefroren? Sie schauten mich an, als hätten sie mich nicht gehört. Ich sprang zur Tür und öffnete sie. Da kam auch wieder Leben in die beiden.
Draußen im Flur kniete Cramp gekrümmt vor Cédric. Der hatte ihm offensichtlich mit der Faust in den Magen geboxt. Er stand halb über ihn gebeugt und trat auf ihn ein. Da sprang Luca vor und streckte seinen Fuß vor Cédrics, sodass er seinen nächsten Tritt

---

montez à l’étage geht hoch in den oberen Stock
Lâchez-moi! Lassen Sie mich los!

nicht zu Ende führen konnte. Gleichzeitig griff Éli von hinten nach Cédrics Armen. Der stolperte rückwärts gegen Éli, dessen Gesicht fahl wurde, als der Körper des Erwachsenen ihn gegen die Wand presste. Ich sah die Pistole in der Ecke liegen und schnappte sie mir. Cramp stand auf, während Cédric sich heftig gegen Élis Griff wehrte. Luca sprang Éli zu Hilfe, und zu zweit konnten sie Cédric festhalten. Aber er wehrte sich mit Händen und Füßen.
Ich eilte zu Cramp und reichte ihm zitternd die Pistole. Cramp nickte und richtete sie auf Cédric.
"C'est fini. **Pas un geste!** La police est déjà **en route**", sagte Cramp.

In dem Moment erklangen Polizeisirenen, die rasch näher kamen. Cédrics Körper verlor sämtliche Spannung.
Die Polizei musste jetzt schon fast das Haus erreicht haben. Ich schaute die Jungs und die beiden Männer an. Cramp hielt Cédric unerbittlich fest, Éli rang vornübergebeugt nach Luft. Luca ließ beide Arme hängen und wirkte, als wisse er nicht, was er als nächstes tun sollte. Als durch das Flurfenster von unten bereits das Blaulicht hereinschien, rannte ich die Treppe hinunter.

Pas un geste! Keine Bewegung!
en route unterwegs

Drei französische Streifenwagen kamen vor dem Häuschen zum Stehen, bewaffnete Polizisten stürmten herein. Ich zeigte ihnen den Flur mit der Treppe. Ein Polizist blieb bei mir, die anderen fünf rannten hinauf. Wenig später kamen sie mit den Männern und den beiden Jungs im Schlepptau wieder herunter. Zwei *flics* führten den mit Handschellen gefesselten Cédric zwischen sich.

Im Wohnzimmer nahm die Polizei unsere Personalien auf. Luca gestand sofort seine Mittäterschaft bei den Diebeszügen und beschrieb die Vorgehensweise der Gang. Cédric saß wie abwesend auf der Couch, zwischen zwei Polizisten. Ein Polizist wandte sich schließlich an mich.

"Et toi, qu'est-ce que tu as à faire avec toute cette histoire?"

Ich schaute Éli an. Zögernd begann ich die ganze Geschichte zu erzählen.

"Alors, c'était il y a quelques jours. Nous avons fait un **pique-nique** avec notre classe." Es kam mir vor, als liege das schon Wochen zurück! "Dans le bois, Éli et moi, nous avons **découvert** un bunker. Mais mon pied s'est coincé dans un trou et …"

Der Polizist sah mich mit hochgezogenen Augenbrauen an.

---

pique-nique Picknick
découvert entdeckt

Éli fiel ein: "Vous savez, ce sont les bunkers de la **Seconde Guerre mondiale**."
Ein anderer Polizist nickte und sagte: "Mais oui, Jean, tu les connais! Les nôtres sont **un peu différents**. Les bunkers **du coté allemand** ont été **dynamités**."
"Oui, oui, je sais. Mais je ne comprends pas ..."
Er sah mich fragend an. Klar, er konnte noch keinen Zusammenhang sehen.
Ich fuhr fort: "Éli est entré dans le bunker pour **débloquer** mon pied. Et puis, c'est à ce moment là qu'il a découvert les **fameux** sacs en plastique. Il était **persuadé** que ce n'étaient pas des sacs d'ordures ménagères."
Éli nickte und berichtete, dass wir zwei Tage später in dem zweiten Bunker tatsächlich auf verdächtige Dinge gestoßen waren. Als er aufzählte, was wir in den Tüten gefunden hatten, schnaubte der Polizist.
"Les choses volées! **Ça y est, je comprends.** Vous avez trouvé la cachette!"

Seconde Guerre mondiale Zweiten Weltkrieg
un peu différents etwas anders
du côté allemand auf der deutschen Seite
dynamités gesprengt
débloquer freimachen
fameux berühmten
persuadé überzeugt
Ça y est, je comprends. Ok, jetzt verstehe ich.

"Oui, les enfants avaient trouvé la cachette des voleurs", schaltete Cramp sich in das Gespräch ein. Er berichtete, wie es weitergegangen war. Das interessierte mich ebenfalls brennend. Wie war er eigentlich dazu gekommen, immer gerade dann aufzutauchen, wenn man nicht mit ihm rechnete?
"**Je me doutais un peu** que Luca avait affaire à cette bande de criminels", wandte er sich Luca zu, als dieser überrascht den Kopf hob. "Oui, tu sais, **j'avais remarqué** que tu portais des vêtements très chers."
Luca lief rot an. Cramp fuhr fort: "Et je sais que tu habites chez ta grand-mère qui n'est pas très riche. Et puis, il y avait ton ami, Cédric."
Cédric hatte die ganze Zeit vor sich hin gestarrt. Er schaute jetzt Cramp an, als käme er aus einer anderen Welt.
"**Bref**", sagte Cramp, "je pensais que **tu ne fréquentais pas les bonnes personnes**. Je voulais t'aider. Mais vous, les enfants, vous ne m'avez parlé de rien."
Éli räusperte sich verlegen. Jetzt war es an mir, knallrot zu werden. Mann, was hatte ich daneben gelegen!

---

je me doutais un peu ich hatte so meine Vermutungen
j'avais remarqué mir war aufgefallen
bref kurzum
tu ne fréquentais pas les bonnes personnes du nicht mit den richtigen Leuten zusammen warst

Der Rest der Geschichte war schnell erzählt: Cramp war uns heute tatsächlich suchen gegangen. Er wusste zwar nicht wirklich, was abging, aber als sein Hund Spooky aufgeregt zu ihm gekommen war – sie waren im Wald gewesen, aber an dem anderen Bunker – da wusste er, dass etwas nicht stimmte.

"Vous savez, mon chien est très intelligent."

"Le chien ...", rief ich aus. Cédric, dieser Grobian, hatte ihn doch mit dem Auto angefahren! "Où est-il? **Il va bien?**"

Cramp zog die Augenbrauen zusammen und nickte grimmig.

"Oui, il a eu de la **chance**. Je l'ai laissé dans le bois, **je n'avais pas d'autre choix**. Mais il peut rentrer à la maison. **Certes**, ma mère ne peut pas lui ouvrir ... mais ce n'est pas grave, il m'attendra devant la porte."

"Qu'est-ce qui s'est passé alors?", fragte der Polizist und machte eifrig Notizen.

"Luca avait laissé son scooter et j'ai pu suivre la jeep au moins jusqu'au village. Je voyais que Cédric prenait la rue principale **direction Sarrebruck**."

Il va bien? Geht es ihm gut?
chance Glück
je n'avais pas d'autre choix ich hatte keine andere Wahl
certes gewiss
direction Sarrebruck Richtung Saarbrücken

Aber woher hatte er das große Motorrad, mit dem er danach die Verfolgung aufgenommen hatte? Cramp zögerte einen Moment, dann sprach er weiter.
"J'ai encore ma moto ... C'est une moto très puissante. J'étais un motard avant. Mais il y a cinq ans, j'ai eu un **grave accident**.
Niemand sagte etwas. Cramp schluckte schwer, dann straffte er die Schultern. "Alors, avec ma moto, j'ai continué la **poursuite**. Mais j'ai **perdu** la voiture **de vue** dans le bois. La police française n'était pas encore arrivée. **De toute façon**, je savais que Cédric était **quelque part** dans la forêt."
"C'est **à ce moment-là** que vous nous avez informés", nickte der Polizist. "Très bien. C'est tout, merci."
Okay, jetzt sah ich alles klar. Aber Luca! Was war mit ihm? "Monsieur, euh, est-ce que Luca **ira en prison**?"
"**Tu as quel âge**, Luca?", fragte der Polizist.

---

grave accident schwerer Unfall
poursuite Verfolgung
perdu ... de vue aus den Augen verloren
de toute façon jedenfalls
quelque part irgendwo
à ce moment-là zu dem Zeitpunkt
ira en prison kommt ins Gefängnis
Tu as quel âge? Wie alt bist du?

"Seize ans." Luca zog ängstlich die Augenbrauen hoch.
Der Polizist zog zischend die Luft ein. "Alors, jeune homme, ça dépend ..."
Da hatten wir den Salat. Ich wusste, dass man in Frankreich mit sechzehn schon nach dem Erwachsenenstrafrecht verurteilt werden konnte. Darüber hatten wir in der Schule diskutiert, als in Paris Jugendliche randaliert und dabei Autos zerstört und unschuldige Menschen angegriffen hatten.
"Avec un peu de chance, tu ne seras pas **jugé** comme un **adulte**. Tu as tout **avoué** et **tu as des remords**."

"Et il nous a aidés!", fügte ich hinzu.
"Oui, mais de toute façon, tu as **commis un crime**. Et tu devras probablement faire un **travail d'intérêt général**."
"Oui, d'accord!"
Eine Welle der Erleichterung floss durch mich, und die Anspannung und Panik, die mich die letzten Stunden fest im Griff gehabt hatten, fielen ab. Ich sprang auf.

---

jugé verurteilt
adulte Erwachsener
avoué gestanden
tu as des remords du zeigst Reue
commis un crime ein Verbrechen begangen
travail d'intérêt général sozialen Dienst

“Mes parents! **Ils doivent s’inquiéter!**”
“**Nous allons vous ramener chez vous**”, sagte der Polizist.
Cramp fuhr mit dem Motorrad nach Hause, und die Polizisten brachten mich bis vor die Haustür.
Mama riss die Tür auf und rannte zum Streifenwagen. Ich musste lachen und stieg schnell aus, damit sie mich unverletzt sehen konnte.
“Lora, was ist passiert? Hast du was angestellt? Wieso kommst du mit der französischen Polizei hier an?”
Ich warf mich in ihre Arme. “Mama, das ist eine lange Geschichte …”

Ils doivent s’inquiéter! Sie machen sich bestimmt schon Sorgen!
nous allons vous ramener chez vous wir werden euch nach Hause bringen